重要
英語構文・英文法ノート

安武　繁 著
英文校閲　Peter Howell

大学教育出版

はじめに

　私は英語教育を専門とする教員ではありませんが，保健医療系の大学で自分の専門である公衆衛生学領域の英文レポートの講読を学生に行っています．短時間できちんと英語構文や英文法に対し正確に訳ができる学生は意外に少ないという印象を持っています．英文レポートは大意がつかめればよいと言われることがありますが，英文法や英語構文の仕組みを正確に理解しておかないと，重要な所を見逃す恐れがあるかもしれません．

　学校時代に英語を理論的にきちんと理解することは，これから英語の力をさらに伸ばすためには絶対に必要と考えます．学校時代に英語を理論的に理解しておかないと，英語力に限界を感じるようになるでしょう．

　中学英語の基礎英文法を一通り勉強した人が，これから本格的に英文を読んでいくために必要な重要英語構文や英文法を勉強する際に，本書を導入のための参考とし，さらに本書で紹介した本格的な参考書などで系統的に勉強してほしいと考えています．

　本書は次の方々を対象としています．
　① 先取り学習として高校初級程度の英語の勉強を始めたい中学生，難関高校合格を目指す中学生，一般高校生等．
　② 英語で書かれた学術図書や論文を読み始める際に，必要とされる重要英語構文・英文法のポイントの整理をしたい大学生．
　③ なつかしい「受験英語」を久しぶりに勉強し直してリフレッシュしたい社会人．

本書は，巻末で紹介したような他の本格的な重要英語構文・英文法の参考書のように全体を系統的に網羅したものではありませんが，重要な勘所をメモ的につづったものです．本書でまずポイントを知っていただき，英語の理論をさらに本格的に勉強していく際の導入となりましたら幸いです．

　本書を執筆するにあたり，参考文献に掲げた多くの重要英語構文・英文法に関する学習参考書や学術図書，辞書を参考にさせていただいたことに感謝申し上げます．

　本書の英文校閲をしていただいた県立広島大学保健福祉学部准教授 Peter Howell 先生に感謝申し上げます．

2011 年 1 月

　　　　　　　　　　　　　　　　　　　　　　　　　　安武　繁

記号の使い方

(　)：省略可能であることを表す．
[　]：言い換え可能であることを表す．該当する語句をイタリック体で
　　　表記している．
⇒：例文などについて，文法上の注意点などを表す．
／：日本語訳の別表現を表す．

重要英語構文・英文法ノート

目　次

1 基本動詞の使い方 …………………………………………… 17
  （1）have の用法　17
      1) have + 目的語 + 過去分詞　17
      2) have + 目的語 + 原形不定詞　17
      3) 助動詞としての用法　18
      4) "have got" = "have"　18
      5) "~ have to do with…" =「~は…と関係がある」　18
  （2）get の用法　19
  （3）make の用法　19
  （4）take の用法　21
  （5）find の用法　22
  （6）tell の用法　23
  （7）see の用法　23
  （8）ask の用法　24
  （9）marry（結婚する）の用法　24
  （10）follow の用法　25
  （11）want の用法　26
  （12）「疑う」の英訳について　26
  （13）「動詞 + 前置詞」の重要表現　26
      1) "wear on" =「時がゆっくり経過する」　26
      2) "drop in at 場所", "drop in on 人"　27
  （14）「他動詞 + 目的語 + 前置詞」の重要表現　27
      1) "regard ~ as …" =「~を…とみなす」　27

はじめに …………………………………………………………… 1

記号の使い方 ……………………………………………………… 3

2）"remind + 人 + of ～" = 「人に～を思い出させる」　27

3）"provide + 人 + with 物" = 「人に物を供給する」　27

（15）その他の基本動詞の用法　28

1）"look up" = 「調べる」　28

2）"be held" = 「（会議が）開催される」　28

3）"learn to ～不定詞" = 「～できるようになる」　28

4）"believe ～" と "believe in ～" について　28

5）"wonder ～" = 「～かしらと思う」　29

6）become の用法　29

2　助動詞，現在進行形，現在完了形，受動態，命令文 …………… 30

（1）助動詞の用法　30

1）can, may の用法　30

2）would は現在の意味でよく使われている　31

3）could や might の用法　32

4）現在の習慣を表す will　33

5）過去の習慣を表す "would" と "used to"　33

6）"cannot ～ too…"　33

7）"cannot help ～ ing" = cannnot help but + 動詞の原形 = 「～することを禁じえない」　34

8）"may well"　34

9）"may as well", "might as well"　34

10）"You（二人称）shall", "He（三人称）shall" の用法　35

（2）現在進行形の用法　35

1）臨場感や感情を表出する　35

2）近未来の予定　36

（3）現在完了形の用法　36

1) "have gone to ～" と "have been to ～" のちがい 36

2) 「～して以来，どのくらい時間がたつ」の表現 36

(4) 受動態で使われる表現 37

(5) 命令文 38

1) "～命令文, and …"「～せよ，そうすれば…」 38

2) "～命令文, or …"「～せよ，さもないと…」 38

3 名詞・代名詞，冠詞，形容詞・副詞 …… 39

(1) it の用法 39

1) 天候の it 39

2) 事情の it 39

3) 時間の it 39

4) 明暗の状況の it 39

(2) few, a few（数）および little, a little（量）の用法 40

(3) some と other (s) の訳し方 41

1) "some ～, others …" 41

2) "some ～, the others …" 41

3) "one ～, the other …" 42

(4) another の用法 42

(5) "～ one thing, … another (thing)" の公式 42

(6) 「お互いに」の英語表現 43

(7) some が疑問文で用いられる場合 43

(8) 再帰代名詞 oneself のいろいろな用法 43

1) "抽象名詞 + itself"「all + 抽象名詞」 43

2) 前置詞 + oneself の用法 44

(9) all を使ったいろいろな慣用表現 45

1) "all"「いっさいのこと，～だけ」 45

2) at all の使い方　*46*

　　　3) all but の用法　*47*

(10) first を含む慣用表現　*48*

　　　1) "firstly" = 「まず，最初に」　*48*

　　　2) "first of all" = 「まず第 1 に」　*48*

　　　3) "at first" = 「最初のうちは（「最初のうちだけ」という意味）」　*48*

　　　4) "for the first time" = 「はじめて」　*49*

(11) 不定冠詞 a [an] の用法　*49*

(12) 定冠詞 the の用法　*50*

　　　1) school と the school の意味のちがい　*50*

　　　2) "the + 単数名詞" = 「～というもの」　*50*

　　　3) "the + 複数名詞" = 「すべての～」　*51*

　　　4) "the + 単数名詞" = 「～なるもの」　*51*

　　　5) "the + 形容詞" = 「～なるもの」　*51*

　　　6) "the + 形容詞" = 「～の人々」　*51*

　　　7) 楽器の the　*51*

　　　8) 「前置詞 + the + 身体部位（単数形）」の表現　*52*

　　　9) 「of + 抽象名詞 = 形容詞」の公式　*52*

(13) 「後ろからかかる」形容詞　*52*

(14) anything, nothing の慣用表現　*52*

　　　1) "anything but ～" = 「けっして～でない」　*52*

　　　2) "nothing but ～" = 「単なる～だ」　*53*

　　　3) "nothing of ～" の表現　*53*

(15) "～ able" の訳し方　*53*

(16) "like so many + 複数名詞～" = 「さながら（同数の）～のように」　*54*

(17) 部分否定の表現　*54*

(18) 頻度，確率を表す副詞の用法　*55*

　　　　　1) 頻度を表す副詞　　55
　　　　　2) sometimesやnoの適切な日本語訳　　55
　　　　　3) 確率を表す副詞　　56
　（19）"So am I." と "So I am." の意味のちがい　　58

4　比較の表現 …………………………………………… 60
　（1）「the + ~比較級, the + …比較級 ~ ~すればするほどそれだけ…」の表現　　60
　（2）最上級を表すいろいろな表現　　61
　（3）「~でさえ（even）」という意味を表す最上級　　62
　（4）"no more" や "no less" を含む表現　　63
　　　　　1) "no more ~ than …" の公式　　63
　　　　　2) "no more than", "no less than" の用法　　63
　（5）better, best を使った表現　　64
　　　　　1) had better + 動詞の原形, had best + 動詞の原形　　64
　　　　　2) "know better" =「もっと分別がある」　　64
　　　　　3) "be better off" =「以前より暮らし向きがよい」　　64
　（6）"~最上級 that ever lived" =「今までの中で最も~」　　64
　（7）比較級や最上級を修飾する副詞表現　　65
　（8）倍数表現（…の x 倍）　　65
　（9）"~ er and ~ er（比較級の重複）" =「ますます~」　　66
　（10）most と best のニュアンスのちがい　　66
　（11）"much less [still less]…, let alone …" =「まして…ない」　　66
　（12）比較級, 最上級を使った慣用表現　　67
　（13）ラテン語由来の比較表現（senior, junior, superior, inferior, prior など）　　67

目次 11

5 分詞，動名詞，不定詞 …………………………………………… 69
（1） 分詞　69
- 1) 分詞構文の意味　69
- 2) "with 名詞＋〜"＝「〜した状態で，〜しながら」　70

（2） 動名詞　71
- 1) 動名詞を使った慣用表現　73
- 2) 「前置詞＋動名詞」の重要表現　73
- 3) "never 〜 without…"の公式　74
- 4) 動詞＋目的語＋動名詞の重要表現　74
- 5) "There is no 〜 ing"＝「〜することができない」　75
- 6) "It is no use 〜 ing"＝「〜してもむだである」　76

（3） to 不定詞の用法　76
- 1) 「目的」「結果」「運命」を表す副詞的用法　76
- 2) むなしい運命を表現する "only to 不定詞"，"never to 不定詞"　77
- 3) 「理由，原因」の副詞的用法　78
- 4) 仮定法の条件節としての用法　78
- 5) 不定詞の意味上の主語　78
- 6) 原形不定詞　79
- 7) be to 不定詞　79
- 8) "be about to 不定詞〜"＝「まさに〜しようとしている」　80
- 9) the last … to 不定詞〜　80
- 10) "enough＋to 不定詞〜"＝「〜するに足りるだけ十分」　81
- 11) "too 〜 to …の公式"＝「あまり〜なので…できない」　81
- 12) "have the＋抽象名詞〜＋to 不定詞…"　82
- 13) 独立不定詞的に用いられる慣用表現　83

6　関係代名詞 ………………………………………………… 81
　（1）「前置詞＋関係代名詞」の基本例文　81
　（2）"～, (カンマ)＋関係代名詞 …"の訳し方　81
　（3）関係代名詞 what の用法　85
　（4）what を用いる重要慣用表現　85
　（5）「X：Y＝P：Q」の英訳　86
　（6）関係代名詞の一種とされる as, than の用法　86
　　　1）as の用法　86
　　　2）"such as ～"の用法　87
　　　3）"such that ～(文)"＝「～のようなもの」　88
　　　4）than の用法　88
　（7）"関係代名詞 but"＝「that … not」　88
　（8）関係副詞 how, why の用法　88
　　　1）"関係副詞 how"＝「いかに～するか, ～のやり方」　88
　　　2）"why"＝「the reason (なぜ, 理由)」　90

7　接続詞 ……………………………………………………… 91
　（1）接続詞 "before" と時制の関係　91
　（2）"not ～ until …"の公式　92
　（3）"…, until [till] ～"＝「(…して,) ついに～」　93
　（4）"as far as", "as long as"　93
　（5）「しかし」という意味を表す接続詞　94
　（6）理由を示す接続詞　94
　（7）"not … because ～"の表現　94
　（8）"so ～ that … 構文"＝「so ～ as to 不定詞 …」　95
　（9）"once ～,"＝「一度～すれば,」　96
　（10）"every time ～"＝「～する度に」　96

（11）"now that ～"=「今や～なので（～だから）」　*96*

（12）while ～(文章)の用法　*96*

（13）"whenever ～"など　*97*

（14）"by ～" と "until ～" のちがい　*98*

（15）"whether … or not"=「…であろうがなかろうが」　*98*

（16）"形容詞など+as 主語+動詞"=「～だけれども」　*98*

（17）"as 文章"=「～につれて」という意味がある　*99*

（18）"in case 文章" の用法　*99*

（19）"A as well as B"=「Bと同様にAも」　*99*

（20）"as well"=「～もまた同様」　*99*

（21）"not so much A as B"=「AよりもむしろB」　*100*

（22）"not so much as ～"=「～さえしない」　*100*

（23）コロン，セミコロン，ダッシュ，カンマの用法についてのメモ　*100*

　　1）コロン（：）　*100*

　　2）セミコロン（；）　*100*

　　3）ダッシュ（―）　*100*

　　4）カンマ（,）　*101*

8　仮定法 ……………………………………………………………… *102*

（1）仮定法過去　*102*

　　1）典型的表現　*102*

　　2）"I wish 過去形"　*102*

（2）仮定法の条件節の例　*103*

　　1）主語自体が条件節になる　*103*

　　2）with+名詞節　*103*

　　3）不定詞　*103*

（3）一種の仮定法と考えられる慣用句　*103*

（4）「万一」の should，現実にはありえない仮定に使われる "were to"　*101*

（5）仮定法過去完了　*101*

 1）If 主語 + had + 過去分詞～, 主語 + would など助動詞の過去形 + have + 過去分詞…　*101*

 2）If 主語 + had + 過去分詞～, 主語 + would など助動詞の過去形 + 動詞の原形…　*101*

（6）"without ～" が仮定法の条件節として用いられる場合の他の言い換え例　*105*

（7）覚えておきたい重要表現　*106*

 1）"as it were" =「いわば」　*106*

 2）"as if ～" =「あたかも～のように」　*106*

 3）"if ever" "if any" =「たとえあるにしても」という表現　*106*

 4）"otherwise" =「さもなければ，そうでなければ」　*106*

9　前置詞の用法 …… *108*

（1）「奪取の of」という有名な用法　*108*

（2）場所を表す前置詞 in の注意すべき用法　*108*

（3）for の用法　*109*

（4）乗物・手段を表す "by" は無冠詞である　*109*

（5）単位を表す by　*110*

（6）時間の経過を表す前置詞 in, after の用法のちがい　*110*

（7）材料の of（姿を変えない），原料の from（姿を変えた）　*110*

（8）"be tired of ～" と "be tired from ～"　*111*

（9）"to ～（人の所有格）+ …(感情の名詞)" の表現　*111*

（10）"up to ～" の用法　*111*

（11）above, beyond の用法　*112*

（12）"what + 前置詞 with" の繰り返し表現　*112*

10　無生物主語の構文 ……………………………………………… *113*

付録　中学生の英語の勉強法の一例 ……………………………… *115*
　（1）　中学で先取り学習が必要　*115*
　（2）　英語を理論的に勉強することの大切さ　*115*
　（3）　中学3年間の英語の勉強スケジュール　*116*
　　　1）中学1・2年　*116*
　　　2）中学3年のときにやる高校入試準備—英文解釈の実践　*119*
　　　3）自分自身の単語集ノートの作り方　*119*

参考文献 ……………………………………………………………… *120*

1 基本動詞の使い方

（1） have の用法

次の1），2）の用法では，使役の意味（〜させる）がある．

1） have＋目的語＋過去分詞

I ***had my watch mended*** yesterday.

　私は昨日，自分の時計を直させた（直してもらった）．

I ***had my hair cut.***　（⇒ cut は過去分詞）

　私は髪を切らさせた（髪を切ってもらった）．

2） have＋目的語＋原形不定詞
　　＝ get＋目的語＋to 不定詞

We will ***have him come*** here.　（⇒ come は原形動詞）

＝ We will ***get him to come*** here.

　彼をここに来させよう（彼にここに来てもらいましょう）．

［類似表現―使役の意味がある let の用法］

　let＋目的語＋動詞の原形

Please ***let her know*** the time of my departure.

＝ Please ***inform her of*** the time of my departure.

　どうぞ彼女に私の出発の時間を知らせてください．

　　⇒ "inform 人 of 〜" ＝「人に〜のことを知らせる」

3） 助動詞としての用法

You *have to go* to school.
　君は学校へ（授業を受けに）行かなければならない．
　　⇒school は無冠詞であるので，「学校で授業を受ける」という意味になる．

You *have only to stay* at home.
　あなたは家にとどまってさえいればよい．

4） "have got" = "have"

I *have got* a good idea.
＝I *have* a good idea.
　私はよい考えを持っている．

5） "〜 have to do with …" ＝「〜は…と関係がある」

The report *has to do with* me.
　その報告書は私と関係がある．

　have の次に much, little, nothing など，関係の程度を表す副詞が入ることも多い．
I *have nothing to do with* him.
≒I never keep company with him.
　私は彼とは一切関係がありません．

I don't know what *to do with* this problem.
　私はこの問題をどう処理したらよいか分かりません．
　　⇒"do with 〜" ＝「〜を処理する」という意味がある．また，"do without 〜"
　　　は「〜なしでやっていく」という意味である．

We cannot *do without* TV.
私たちはテレビなしで（日常生活を）すますことができない．

（2） get の用法

We *got to* the hotel at eleven.
私たちは 11 時にホテルに着いた．

She will *get excited* to hear the news.
彼女はそのニュースを聞いて興奮するだろう．

Would you *get me a concert ticket*?
私にコンサートチケットを買ってもらえますでしょうか？

Some cars *got crashed* in the great earthquake.
数台の車がその大地震によってつぶされた．

（3） make の用法

The bus *is making for* Tsukuba.
そのバスは筑波に向かっている．

He will certainly *make a good doctor*.
彼はきっとよい医者になるだろう．

Please *make yourself at home*.
どうぞお楽にして（くつろいで）ください．

Columbus *made a great discovery*.
コロンブスは大きな発見をした。

She *made him a big chocolate*.
彼女は彼に大きなチョコレートを作った。

I *made her go* to college.
＝I *compelled* [*forced*] *her to go* to college.
私は彼女を大学に勉強に行かせた。
　　　⇒"compel"や"force"では、to不定詞がくる。

She *made me very angry*.
彼女は私を非常に怒らせた。

Can you *make yourself understood in German*?
あなたはドイツ語が通じますか？
　　⇒「あなたは、あなた自身をドイツ語で相手に理解させられることができますか？」の意味から

[makeを使う重要慣用表現]
　１．make the most of ～、make the best of ～
　Make the most of your time.
　あなたの時間を最大限活用しなさい。

　Make the best of your time.
　あなたの時間を（少ないながらも）精一杯活用しなさい。
　　　⇒the bestは、「少ないながらもそれを精一杯に」というニュアンスがある。

② make a point of ～ing

I ***make a point of taking*** a walk every morning.

＝I make it a rule to take a walk every morning.

　私は毎朝散歩をすることにしている（散歩をする主義だ）．

③ make *little* [*nothing, much*] of ～

I could ***make little of*** what she said.

　私は，彼女の言うことがほとんど分からなかった．

　　⇒ make には，「理解する，わかる」という意味がある．この用例では，little, nothing, much などと一緒に用いられる．

④ make fun of ～

Don't ***make fun of*** your little sister.

　あなたのかわいい小さな妹をからかうな．

⑤ make it

He ***made it*** as a baseball player.

　彼は野球の選手として成功した．

(4) take の用法

I ***took*** a bus ticket.

　私はバスの乗車券を受け取った．

The work ***took me ten days***.

　その仕事は私には 10 日かかった．

It *takes you about twenty minutes to walk* to the station.
　駅まで歩くと約20分かかりますよ.
　　　　⇒"take + 人 + 時間 + to 不定詞〜"=「人が〜するのに時間がかかる」
　　　　　cost（費用）も同様な用法がある.
　　　　　"cost + 人 + お金 + to 不定詞〜"=「人が〜するのにお金がかかる」

It will *cost* you 15,000 yen to go to Tokyo by plane.
　東京まで飛行機で1万5,000円かかるでしょう.

　重要表現 "take it for granted"=「当然と思う」
She *takes it for granted* that we pay her school expenses.
　彼女は，私たちが彼女の学費を出してやることを当然だと思っている.

(5) find の用法

　"find" は，「やってみて，経験して知る」という意味があることを知っておこう. "find" は，「知る，わかる」と訳す.

I *found* this mathematical problem very difficult.
　この数学の問題を解いてみると非常に難しいとわかった.

　重要表現 "find fault with 〜"=「〜のあらさがしをする」
The boss *is always finding fault with* his employees.
　社長は従業員のあらさがしばかりしている.

(6) tell の用法

"tell" に,「分かる, 区別する」という意味があることを知っておこう.

She cannot **_tell the difference_** between beer and wine.
彼女はビールとワインのちがいが分からない.

Can you **_tell_** [**_distinguish_**] beer **_from_** wine?
あなたはビールとワインの区別ができますか？

(7) see の用法

"see" に,「理解する」という意味があることを知っておこう.

I don't **_see_** what he means.
私は彼の言わんとすることがわからない.
　　⇒ "mean" は,「意味する」というのが直訳であるが,「~ということを言おうとする」という意味（その人の本心）である.

参考 いろいろな意味がある "mean"
　① 動詞として「~を意味する」
　② 名詞として「平均, 中間」
　③ 形容詞として「みすぼらしい」
　また, "means" には,「手段・方法」「財産」の2通りの意味がある.
"meaning" には,「意味, 意義」という意味がある.

Please **_see to it that_** you switch the TV set off.
テレビのスイッチを切るように気をつけてください（確かめてください）.

参考 「見る」の英語表現 see, look at, watch

一般的に次のような意味のちがいがある．

1　"see" = 目に入ってくる，自然に見える
　　⇒ see には他に「会う，知る・理解する，気をつける」という意味もある．
2　"look at" = (静止物を) じっと見つめる
3　"watch" = 動きつつある物，変化しつつある物をじっと注意して観察する．野球観戦でファールボールがスタンドに飛び込んできた時には，"Watch out！(ファールボールの行方に注意してください．)" という注意喚起の放送がある．

（8）ask の用法

Please *ask me* any question.
　私に何でも質問をしてください．

He *asked me for* some support.
　彼は私に支援を求めた．

I would *ask a favor of* you.
= Would you *do me a favor*?
　私はあなたにお願いがあります．
　　⇒ "favor" は「お世話，願いごと」の意味．"do" は「与える」という意味である．

（9）marry (結婚する) の用法

Her father *married her to* Mr. Tanaka.
= She *was married to* Mr. Tanaka (by her father).
　彼女のお父さんは彼女を田中氏に嫁がせた．

"親 marry 子 to 〜" = 「親が子を〜へ嫁（婿）にやる」
= "子 be married to 〜 （by 親）"
　　　⇒前置詞 to が必要なことを理解しよう！

She *married* Mr. Tanaka.
= She and Mr. Tanaka *got married*.
彼女は田中氏と結婚した．
／彼女と田中氏は結婚した．

(10)　follow の用法
　follow は受動態，分詞でもよく使われるので，その使い方を理解しよう．

B *follows* A. = A *is followed by* B.
B が A に続く．
／［直訳］A は B によって続かれる．
　　⇒「A の次に B が続く（A → B)．」を意味している．

The great earthquake *was followed by* fires.
= Fires *followed* the great earthquake.
大地震の後に火災が起きた（火事が大地震に続いた）．

The most important subject is mathematics, *followed by* physics.
最も重要な科目は数学で，次に物理だ．

follow の慣用表現　　"It follows that 〜" = 「〜ということになる」
Considering these circumstances, *it follows that* he is a criminal.
これまでの状況を考慮すると，彼が犯人であるということになる．

(11) wantの用法

"want"の意味は「~を欲する」という意味だけではない。「~の必要がある、~に欠けている」という意味があることを知っておこう。

This clock *wants repairing*.
= This clock *needs to be repaired*.
　この時計は修理しなければならない（修理に出さなければならない）。

He *wants* courage.
　彼には勇気が欠けている。

You *are wanted on the telephone*.
　あなたに電話ですよ。

(12) 「疑う」の英訳について

"doubt"と"suspect"の用法のちがいをよく知っておこう。
I *doubt* that he is a criminal.
　私は、彼が犯人であることに疑いを持っている。
　（私は、彼は犯人ではないと思っている。）
I *suspect* that he is a criminal.
　私は、彼が犯人であると疑っている。
　（私は、彼が犯人であると思っている。）

(13) 「動詞＋前置詞」の重要表現

1) "wear on"＝「時がゆっくり経過する」
　The night *wore on*, but nobody came in.
　　夜が更けてきたが、誰も中に入ってこなかった。

2) "drop in at 場所", "drop in on 人"
・"drop in at 場所"＝「場所にぶらっと（突然）立ち寄る」
・"drop in on 人"＝「人をぶらっと（突然）訪問する」

He *dropped in at* my office.
　彼は私の仕事場にぶらっと（突然）立ち寄った．
He *dropped in on* me.
　彼は私をぶらっと（突然）訪問した．

(14) 「他動詞＋目的語＋前置詞」の重要表現
　1) "regard 〜 as …"＝「〜を…とみなす」
I *regard* his papers *as* worthless.
＝I *look on* his papers *as* worthless.
　私は，彼の論文はまったく価値がないものとみなしている．

　2) "remind＋人＋of 〜"＝「人に〜を思い出させる」
This English book *reminds me of* my junior high school days.
　この英語の本は私に中学時代のことを思い出させる．

　3) "provide＋人＋with 物"＝「人に物を供給する」
　物の前に来る前置詞は with である．このような用法をとる動詞には他に，"supply" "present" などがある．

He *provided us with food*.
＝He provided food for us.
　彼は私たちに食べ物を供給した．

We *supply the children with enough food*.
= We supply enough food for the children.
私たちは子どもたちに十分な食べ物を供給する（十分に食べさせる）.

I *presented my daughter with my favorite fountain pen*.
= I presented my favorite fountain pen to my daughter.
私は自分のお気に入りの万年筆を娘にプレゼントした.

(15) その他の基本動詞の用法
1) "look up" =「調べる」
I am *looking up* her phone number.
私は彼女の電話番号を調べているところだ.

2) "be held" =「(会議が) 開催される」
The next meeting will *be held* in two weeks.
次の会議は今から2週間したら開催される.

3) "learn to ～不定詞" =「～できるようになる」
「～することを知る」より,「やっているうちに～できるようになる」という意味である.
You will *learn to* speak English so well in Australia.
あなたはオーストラリアで英語を非常にうまく話せるようになるでしょう.

4) "believe ～" と "believe in ～" について
I *believe you*.
私はあなたの言葉を信じる.

I ***believe in*** you.
　私はあなたの人柄を信じている．

I ***believe in*** God.
　私は神の存在を信じる．

5) "wonder 〜"＝「〜かしらと思う」
I ***wonder*** when he leaves for Osaka.
　彼はいつ大阪に向けて出発するのかしら．

6) become の用法
"〜 become 人"＝「〜は人に似合う」

The dress ***becomes*** you well.
　その服はあなたによく似合っている．

What（ever）has ***become of*** her?
＝What（ever）has happened to her?
　彼女はいったいどうしたのだろうか？（彼女の身に何が起こったのだろうか？）
　　⇒"whatever" は「一体全体」と，what の意味を強調している．

助動詞，現在進行形，現在完了形，受動態，命令文

（1）助動詞の用法

1）can, may の用法

　can, may の意味はよく似ていて，意志動詞（go, walk など）とともに用いられると，基本的に「～できる，～してもよい」という意味になる．

　無意志動詞（be 動詞など）とともに用いられると，「～の可能性がある，～かもしれない」という意味になる．

It *can* be true.
　それは本当である可能性がある（本当でありうる）．

It *may* be true.
　それは本当かもしれない（50%程度の確率か？）．

He *may* pass the examination.
　彼は試験に受かるかもしれない（50%程度の確率か？）．

　「can＋無意志動詞」が否定文・疑問文で用いられると次のような意味になる．

Can it be true?

それはいったい本当のことだろうか？
　⇒「それは本当である可能性があるのだろうか？」から，「本当であるはずがない」という意味を含蓄している．

It *cannot* be true.
　それは本当であるはずがない（それが本当である可能性はない）．

　can と may はよく似ていると述べたが，can は may の意味でもよく用いられる．

You *can* go.
　君は行っていいよ（君は行くことができる）．

Can I take this chair?
＝*May* I take this chair?
　この椅子にすわってもいいですか？（私はこの椅子にすわることができますか？）

2) would は現在の意味でよく使われている
　would は will の過去形といわれるが，「丁寧な表現，婉曲表現」で用いられる would は現在の意味であることに注意しておこう．

Would you please get me a cup of coffee?
　私にコーヒーを1杯もらえませんでしょうか？

　would には，「～したいものだ」という現在の願望を表す意味がある．しばしば"would like to 不定詞"で用いられる．

I *would* like to have a cup of coffee.
　コーヒーを1杯飲みたいなあ．

I *would* like to watch TV at home today.
　私は今日は家でテレビを見たい気分だ．

I *would rather* stay at home.
　私はむしろ家にいる方がよい．
　　⇒「外出するよりも」という気持ちが入っている．

3) could や might の用法

　could や might も，現在の意味で「非常に丁寧な表現，婉曲表現」としてよく用いられるので慣れておこう．

Can you open the door?（ドアを開けてもらえますか？）
↓
Could you open the door?（恐れ入りますが，ドアを開けてくださいますでしょうか？）
　　⇒could を用いると，かなり丁寧な表現になる．

　might は現在の意味で，「(非常に控えめな) 推量」の意味で用いられることがある．「ひょっとすると~かもしれない．」と訳すとよい．can や may よりも弱い推量の意味で用いられると考えてよい．

It *might* be true.
　それはひょっとすると本当かもしれない．
　　⇒控えめに，本当である可能性があることを述べている．

4) 現在の習慣を表す will
　現在の習慣を表現するには，次の例文のように現在形や will（助動詞）を使う．will を使うときは，often など頻度を表す副詞とよく併用される．

I *go* to church every Sunday.
　私は毎週日曜日に教会に礼拝に行きます．
　　⇒church が無冠詞であるので，「礼拝の目的で教会に行く」という意味になる．

He *will often* sit at his desk for hours.
　彼は何時間も机に向かって勉強することがよくある．

5) 過去の習慣を表す "would" と "used to"
I *would often* go to the movies.
　私はよく映画館に通ったものだ．

There *used to be* a coffee house at the corner.
　以前はそこの角にコーヒーハウスがあったが今はない．

6) "cannot ~ too …"
「どんなに…しても~しすぎることはない」という意味になる．

We *cannot thank you too much.*
= We *can never thank you enough.*
　われわれはあなたに対してお礼の申し上げようがございません．
　（われわれはあなたにどんなにお礼を申し上げても，し過ぎることはありません．）

7) "cannot help ～ing" ＝cannnot help but ＋動詞の原形＝「～することを禁じえない」

I *couldn't help laughing* at his looks.
＝I *couldn't help but laugh* at his looks.
　私は彼の格好を見てふき出さざるを得なかった。
　　　⇒help は avoid（避ける）の意味である。

8) "may well"
　"may well" は下記のように，「もっともだ」と「たぶん」の2つ意味がある。一般的には，意志動詞を伴う場合は「もっともだ」の意味，無意志動詞を伴う場合は「たぶん」の意味である。文脈から意味を判断するとよい。

He *may well* be pleased to hear the news.
　彼がそのニュースを聞いて喜ぶのも，もっともだ。

The rumor *may well* be true.
　そのうわさはたぶん本当だろう。

9) "may as well", "might as well"
I *may as well* stay at home today.
僕は今日は家にいてもいいよ。
　　　⇒外出するくらいなら家にいた方がましか，というニュアンスである。

[仮定的, 婉曲的表現となる might]

I *might as well* throw my money into the river *as* lend it to him.
　お金を彼に貸すのだったら, 川に投じてしまう方がまだよいと思うくらいだ.
　　⇒ might を使うことで,「実際にはそんなことはしないが, そうした方がまし」という仮定的意味になる.

10)"You（二人称）shall", "He（三人称）shall"の用法
　この用法では次の例文のように,「私が～させてやろう」と私の意志が表れる.

You shall study medicine in America.
　私はあなたにアメリカで医学の勉強をさせてやろう.

He shall go to school in Tokyo.
　私は彼を東京の学校へ勉強に行かせてやろう.

(2) 現在進行形の用法
1) 臨場感や感情を表出する
　次の例文では臨場感が出ている. 感情も伴っている.
What are you doing now?
　あなた今何をしているの？（何か変なことしてるんじゃないの？）

I am looking for my watch.
　ぼくの腕時計を探してるんだよ（ほんとにいらいらする）.

2）近未来の予定
　いわゆる往来発着を表す動詞（start, arrive など）が現在進行形になっていると、「近未来の予定」を表す。

I am leaving for Tokyo next week.
　私は来週東京に向けて出発します。

（3）　現在完了形の用法
1）"have gone to ～" と "have been to ～" のちがい

He *has gone to* America. (He is in America.)
　彼はアメリカに行ってしまって、今はもうここにいない（現在アメリカにいる）。

He *has been to* America.
　彼は以前アメリカに行ったことがある（今はここにいる）。

I *have been to* the library.
　僕は図書館に行って今帰ってきたところだ。

　"have been to ～" は、「～に行ったことがある（経験）」と「～に行って今帰ってきたところ」の2つ意味がある。文脈から意味を判断する。

2）「～して以来、どのくらい時間がたつ」の表現
　「彼が死んでから10年になる」の英語表現は次のとおり。

It has been ten years since he died.
 ＝It is ten years since he died.
 ＝Ten years have passed since he died.
 ＝He has been dead for ten years.
 ＝He has been dead these ten years.
 ＝He died ten years ago.

（4）受動態で使われる表現

"be crowded with ～" ＝ ～で混んでいる

The stadium **was crowded with** tens of thousands of people.
 球場は何万人という人で混雑した．

"be known to ～" ＝ ～に知られている

He **is known to** everybody.
 彼は皆に知られている．

"be absorbed in ～" ＝ ～に没頭している

She is absorbed in drawing pictures.
 彼女は絵を描くことに没頭している．

"be pleased with ～" ＝ ～に満足している
"be devoted to（前置詞） ～" ＝ ～に没頭している
"be accustomed to（前置詞） ～" ＝ ～に慣れている
"be acquainted with ～" ＝ ～に精通している
"be situated in [at] ～" ＝ ～に位置している
"be disposed to（前置詞） ～" ＝ ～の傾向がある
"be disposed to（不定詞） ～" ＝ ～の気持ちになる

I was *disposed to colds* when I was a child.
　私は子どもの時には，かぜをひきやすかった．

（5） 命令文
　1）　"～命令文, and …" ＝「～せよ，そうすれば…」
　Study hard, and you will pass the examination.
　　一生懸命勉強しなさい．そうすれば，あなたは試験に受かるでしょう．

　2）　"～命令文, or …" ＝「～せよ，さもないと…」
　Study hard, or you will fail in the examination.
　　一生懸命勉強しなさい．さもないと，あなたは試験に失敗するでしょう．

3 名詞・代名詞，冠詞，形容詞・副詞

(1) it の用法

「天候」「事情」「時間」「明暗の状況」などを表す．

1) 天候の it

It is raining today.
　今日は雨が降る．

2) 事情の it

It has become better.
　事態は改善してきた．

3) 時間の it

It is just eleven o'clock now.
　今，ちょうど11時です．

4) 明暗の状況の it

It becomes darker and darker.
　だんだんと薄暗くなってくる．

(2) few, a few（数）および little, a little（量）の用法

"few" = ほとんどない（→否定的）

"a few" = 少しはある（→肯定的）

"not a few" = 少なからず（many と同じ意味）

"only a few" = few（ほとんどない）

"quite a few" = many（かなりたくさんの）

量を表す little も同様である。

"little" = ほとんどない（→否定的）

"a little" = 少しはある（→肯定的）

"not a little" = much

"only a little" = little

A few pupils like him.

彼のことを好く生徒は少しはいる。

　　　⇒肯定的な言い方である。

Few pupils like him.

彼のことを好く生徒はほとんどいない。

　　　⇒否定的な言い方である。

注 "only too" には次のような2つの意味がある。

1. I am **only too glad** to see you.

私はあなたに会えてこの上なくうれしい。

2. The news is **only too true**.

そのニュースは残念ながら本当である。

(3) some と other (s) の訳し方
1) "some 〜, others …"

Some pupils play baseball, and ***others*** play soccer.

野球をしている生徒もいるし，また一方で，サッカーをしている生徒もいる．

> ⇒例えば 100 人生徒がいれば，野球をしている生徒が 40 人くらい，サッカーをしている生徒が他に 35 人くらい，あとの 25 人くらいはまったく別のことをしているような状況である．

[あまりよくない訳の例]

「数人の生徒が野球をしている．そして他の生徒はサッカーをしている．」

> ⇒"some" の訳の一つに「数人の」とあるが，この文では「数人」とは限らないことに注意しよう．全体の何割かという意味であろう．

2) "some 〜, the others …"

次の英文はどんな意味を表しているだろうか． others の前に the が付いている．

Some pupils play baseball, and ***the others*** play soccer.

野球をしている生徒がいる．そして他の生徒は全員サッカーをしている．

> ⇒例えば 100 人生徒がいれば，野球をしている生徒が 40 人いるとすると，残りの 60 人生徒全員（100 − 40 = 60）サッカーをしている．

others の前に the が付くことで，「残りのすべての〜」という意味になる．

3) "one ～, the other …"

I have two fountain pens. **One** is for signing letters, and **the other** is for studying.

　私は万年筆を2本持っている。1本は手紙にサインをするためのもので、あとの1本は勉強用だ。

（4）another の用法

　another には「もう一つの」という意味があることを知っていると思うが、実際の用例で学習してみよう。

Please show me *another* watch.

　（時計店で腕時計を選んでいる時に）もう一つ別の腕時計を見せてください。

I drank a beer and ordered *another* [*one more*].

　私は1杯のビールを飲み、そしてもう1杯注文した。

This sentence has *another* meaning.

　この文章はもう一つ別の意味がある。

（5）"～ one thing, … another (thing)" の公式

To study is *one thing*, to teach is *another*.

　研究することと、教えることはまったく別のものである。
　（研究することが一つのこととすれば、教えることはもう一つ別のことである。）

(6) 「お互いに」の英語表現

The three sisters help *one another*.

その3人の姉妹はお互いに助け合っている.

The two love *each other*.

2人は互いに愛し合っている.

(7) some が疑問文で用いられる場合

　some は肯定文, any は疑問文・否定文とともに用いられることが基本であると覚えているだろう. some が疑問文で用いられると, 最初から「肯定」の答えを予想しているものととらえられる.

Will you have *some tea* ?

あなた, お茶を飲みませんか？

　　⇒「お茶を飲みますかどうしますか」という純粋な疑問文でなく, 最初から「お飲みになったらどうですか」という勧誘である. この場合には, 疑問文でも "some" を用いる.

(8) 再帰代名詞 oneself のいろいろな用法

1)"抽象名詞＋ itself"＝「all ＋抽象名詞」

　「〜そのもの」という意味より, 「〜の権化だ」「とても〜だ」という意味を表す.

She is *politeness itself*.

＝She is *all politeness*.

　彼女は礼儀正しさそのものだ（非常に礼儀正しい）.

2) 前置詞 + oneself の用法

(1) "by oneself" = 「独力で，1人だけで」

Solve this problem *by yourself*.
　この問題を独力で（自分自身の力で）解きなさい．

Go shopping *by yourself*.
　1人だけで買い物に行きなさい（自分で買い物に行きなさい）．

I live *by myself*.
　私は1人だけで暮らしています（1人暮らしです）．

参考　"alone" = 「～だけで」

She and her daughters were left *alone* in the hall.
　ホールの中で彼女と娘たちだけが取り残された．

(2) "for oneself" = 「自分で，自分自身のために」
　　"for oneself" は，「自分自身のために」という意味合いが強い．

I graduated from school *for myself*.
= I graduated from school *myself*.
　私は自分で（将来の自分自身のために）学校を卒業した．

(3) "of oneself" = 「ひとりでに（自動的に）」

This machine moves *of itself*.
　この機械はひとりでに動く．

④ "to oneself"=「ひとりで独占して」の意味もある

He sometimes talks *to himself*.
　彼は独り言を言うことがある．

I said *to myself* that I was right.
　私は正しいのだと心の中でしみじみと思った．
　　⇒"say to oneself"は think の意味である．前出の"talk to oneself"との意味のちがいを知っておこう．

She keeps the room *to herself*.
　彼女はその部屋を独り占めしている．

She is a person to keep the secret *to herself*.
　彼女は秘密を守る人だ．

⑤ "in oneself"=「それ自体は（本来は）」
CO_2 has *in itself* no toxicity.
　CO_2（二酸化炭素）はそれ自体，毒性を有していない．

(9) all を使ったいろいろな慣用表現
1) "all"=「いっさいのこと，～だけ」
　　all は「すべて，いっさいのこと」から，「～だけ」という意味を持つ．

That is *all for* today.
　今日の分はそこまでだ（そこまでが今日の分すべてだ）．

I will do *all I can*.
　私ができるだけのことをしましょう。

All you have to do is to do your homework.
　君は自分の宿題さえやればよい。
　　［直訳］あなたがやらなければならないことの一切は，自分の宿題をちゃんとすることだよ。他のことはよい。

All you can do is to do your homework.
　君は自分の宿題をやっていさえすればよい。
　　［直訳］あなたがすることができる一切のことというのは，せいぜい自分の宿題をすることだよ。

［類似表現］
I will do *as much as I can*.
　私はできるだけのことをしましょう。

Study mathematics *as soon as you can*.
　数学をできるだけはやく勉強しなさい。

2）at all の使い方
①　条件文で使うと⇒「いやしくも」という意味
If you do things *at all*, do them thoroughly.
　いやしくも事をするなら，それを徹底的にやりなさい。

②　疑問文で使うと⇒「いったい本当に」という意味
Are you going to apply to a university *at all*?

あなたは，いったい本当に大学に出願するつもりなのか？

③　否定文で使うと⇒「まったく～ない」という意味

I will not do it *at all*.

私はそれをまったくする気持ちはありません．

[類似表現]

He was *not in the least* surprised at the news.

彼はそのニュースに全然驚かなかった．

　⇒"not in the least"=「まったく～ない」

3) all but の用法

　"all but"=almost（ほとんど，もう少しで）の意味で用いられることがある．

He is *all but* jumping for joy.

彼は喜びで飛び上がらんばかりだ．

I was *almost* run over by a car yesterday.

私は昨日，もう少しで車にひかれるところだった（幸いにも車にひかれなかった）．

　ただし次の例文では but = except（～以外，～を除き）として使われている．意味は文脈から判断する．

I understand *all but* the last line.

私は最後の1行を除きすべて理解しています．

"what" = 「少ないながらもありったけのものすべて」という用法がある。

This is **what money** I have.
= This is **what little money** I have.
　持ち金は（少ないが）これだけだ。
　これは、私が持っているありったけのお金すべてだ。
　⇒この what の用法では、little（少ないながら）の意味を伴うことが多い。

[all を使う慣用表現]
"above all" = とりわけ、中でも
"after all" = 結局
"for all 〜" = 〜にもかかわらず

(10) first を含む慣用表現
1) "firstly" = 「まず、最初に」
Firstly, I will talk about my history.
　最初に、私の経歴からお話します。

2) "first of all" = 「まず第1に」
First of all, study mathematics very hard.
　まず第1に、君は数学を一生懸命勉強しなさい。

3) "at first" = 「最初のうちは（「最初のうちだけ」という意味)」
I found it difficult to speak German **at first**, but soon I got used to speaking German.
　私は、最初のうちはドイツ語を話してみるとむずかしいなと思った

が，すぐにドイツ語を話すことに慣れた．
　⇒ここで "used" = "accustomed"（慣れている）の意味

4) "for the first time" =「はじめて」
I went to Tokyo last summer *for the first time*.
私は去年の夏はじめて東京に行きました．

(11) 不定冠詞 a [an] の用法

不定冠詞 a [an] は「1つの」という意味であることを中学1年ですぐ習うだろう．他に，次のような使い方があることを知っておこう．

①　a [an] = certain（ある，しかるべき）
②　a [an] = same（同じ）

You are right in *a* sense.
あなたは，ある意味では正しい．

Everybody knows that *a* person is a criminal.
しかるべき人物が犯人であることをみんな知っている．
　⇒ *a* person とは誰かは分かっているがはっきり言わないでいる．

You and I are of *an* age.
あなたと私とは同じ年です．

参考 certain の意味の使い分け
①　"a certain 〜" =「しかるべき（ある）〜」と訳す．
②　"It is certain that 〜" =「〜は確かである」と訳す．

It is *certain* that *a certain* person is a criminal.
しかるべき人物が犯人であることは確かである．

ただし certain には次のような表現もあるので，文脈から判断するしかない．

"*a certain* fact" =「確かな事実」
"to *a certain* [*some*] extent" =「ある程度まで」

(12) 定冠詞 the の用法
 1) school と the school の意味のちがい
  定冠詞 the があるとないとで，次のような意味のちがいがある．

 I go to *school*.
  私は学校へ授業を受けに行く．
   ⇒ school に冠詞がなく，抽象名詞的に使われている．すなわち「授業を受ける（学校は勉強する所）」という意味である．

 I go to *the school* to watch the school sports.
  私は運動会を見に行くためにその学校へ行きます．
   ⇒ the school と the を付けることで，「その学校」という建造物，具体的な場所を表している．

 2) "the ＋単数名詞"＝「〜というもの」
  一般的な全体を表す意味になることがある．
 "*the horse*" = "a horse" = 馬というもの（種族全体）
 "*the eagle*" = "a eagle" = 鷲という鳥一般

3) "*the* ＋複数名詞"＝「すべての〜」
"*the students*"＝"*all the students*"＝学生のすべて

4) "*the* ＋単数名詞"＝「〜なるもの」
　抽象的な意味を表すことがある．
"*the mother*"＝母なるもの，母性
"*the pen*"＝ペンの力，文
"*the sword*"＝武力

The pen is mightier than **the sword**.
　ペンは剣より強い．
　／文は武力より強い．

5) "*the* ＋形容詞"＝「〜なるもの」
　抽象的な意味を表すことがある．
"*the beautiful*"＝beauty＝美なるもの

6) "*the* ＋形容詞"＝「〜の人々」
　"the ＋形容詞"が「〜の人々」（複数名詞）の意味を表すことがある．

"*the rich*"＝"rich people"＝お金持ちの人たち
"*the young*"＝"young people"＝若者たち

7) 楽器の the
I play ***the guitar*** every day.
　私はギターを毎日弾いている．

8)「前置詞＋ the ＋身体部位（単数形）」の表現
　　身体部位（単数形）の前に定冠詞 the が付く.

She struck me *on the head*.
　彼女は私の頭を打った.
　　⇒まず「彼女は私を打った」と書いて、その部位は頭という表現である.

I took her *by the hand*.
　私は彼女の手をとった.

9)「of ＋抽象名詞＝形容詞」の公式
　　"a lady *of beauty*" ＝ a beautiful lady（1人の美しい女性）
　　"a thing *of importance*" ＝ an important thing（重要なこと）
　　"*of use*" ＝ useful（役に立つ）

(13)　「後ろからかかる」形容詞
something（anything, nothing も同様）＋形容詞

We can see *something green* over there.
　向こうに何か緑色のものが見えるよ.

(14)　anything, nothing の慣用表現
　1) "anything but ～" ＝「けっして～でない」
　　He is *anything but* a teacher.
　　＝ He is *no* teacher.
　　　彼は教師なもんか（教師以外のものなら何でもよかろうが、教師とはとても言えない）.

⇒ but は，"〜以外の"という意味

[類似表現]

His writings are ***far from*** perfect.

彼の書いた物は完璧と言えるものではない（完璧から程遠い）．

⇒ "far from 〜" =「〜どころではない，けっして〜でない」

2）"nothing but 〜" =「単なる〜だ」

I am ***nothing but*** a teacher.

私は一介の教師にすぎません（一教師以外の何者でもない）．

⇒ but は "〜以外の" という意味

3）"nothing of 〜" の表現

I have seen ***nothing of*** Mr. Suzuki lately.

私は最近まったく鈴木さんに会っていない．

(15) "〜 able" の訳し方

"〜 able" は接尾語であり，形容詞としてよく用いられるが，本来 "〜 able" =「<u>〜されうる</u>」と訳す．「受身」+「可能」の両方の意味があることをよく知っておこう．英文の理解が深まる．

His speech is ***unreliable***.

彼の話は信頼できない．

⇒ "rely" =「信頼する」の意味であるが，「彼の話は信頼されることができない．」が直訳

"a ***washable*** suit" = 洗い可能なスーツ（洗われることができるスーツ）

(16) "like so many +複数名詞〜"=「さながら(同数の)〜のように」
They swam butterfly *like so many* flying fish.
　彼らは，さながら(同じ数の)とびうおのごとくバタフライ泳法で進んでいった．

(17) 部分否定の表現
"not all 〜"=〜のすべてが…というわけではない
"not every 〜"=どの〜をとっても，…というわけではない
"not both 〜"=〜の両方とも(2つとも)が，…というわけではない
"not always 〜"=必ずしも〜でない
"not necessarily 〜"=必ずしも〜でない
"not very 〜"=あまり〜でない
"not much 〜"=あまり〜でない

It is *not very* hot today.
　今日はあまり暑くない．

Not all Japanese are shy.
= *Not every* Japanese is shy.
　日本人のうちすべてがはにかみやであるというわけではない(はにかみやでない日本人もいる)．

参考 完全否定の表現
"never"="not at all"="not in the least"=まったく…でない
"none of 〜"=〜のうちどれもが…でない
"nobody"=誰も…でない
"neither of 〜"=〜のいずれも…でない

"not P or Q" = P でも Q でもない
　　⇒数学の集合論の考え方［not （A or B）= not A and not B］と同じである．

I do ***not*** know when to go, ***or*** where to go.
私はいつ行けばいいのか，どこに行けばいいのか（いずれも）分かりません．

（18）頻度，確率を表す副詞の用法
　1）頻度を表す副詞
　"always" = 常に，いつも
　"almost" = ほとんど
　"usually" = ふだんは，ふつうは
　"sometimes" = 時々，〜することがある
　"hardly, seldom, rarely" = めったに〜ない
　"no, never" = まったくない

　2）sometimes や no の適切な日本語訳
　　頻度を表す副詞では，日本語訳の最後で訳すとよい場合が多い．
　①　sometimes は，「〜することがある．〜する場合がある．」と訳した方が適当であることも多い．
　He ***sometimes*** makes mistakes.
　彼は時々ミスをする．
　／彼はミスをすることがある．
　／彼はミスをする場合がある．

　②　no は「〜することなし」と，まず直訳すると意味が分かりやすい．

No one knows him.
　[直訳] 彼を知っている人はなし.
　　だれも彼を知っていない.

語義 every のニュアンス

Every pupil likes the teacher.
　どの生徒も（どの生徒をとってもその一人ひとりが）その先生のことを好いている.
　　⇒"every" は,「どの人をとっても一人ひとりが」というニュアンスであり, 単数扱いとなっている.

3）確率を表す副詞
(1) "probably" =「十中八九」
He will *probably* pass the examination.
　彼は高い確率で試験に受かるでしょう.
　　⇒probably を使うことで, まず合格だと太鼓判をおしている.

(2) "perhaps" =「もしかしたら（⇒30〜40%くらいの確率か？）」
He will *perhaps* pass the examination.
　彼はもしかしたら試験に受かるかもしれない（可能性は十分ある）.
(3) "possibly" =「ひょっとしたら（⇒前出の perhaps より可能性が低いと考えられる.）」
He will *possibly* pass the examination.
　彼はひょっとしたら試験に受かるかもしれない（可能性は少ないかもしれない）.

参考 possible, possibly, likely を使った重要表現

I will have him come here *as quickly as possible*.
　私は彼をできるだけすぐこちらに来させよう.

Could you possibly lend me some money?
　なんとか私にいくらかのお金を貸していただけませんでしょうか?
　(⇒お金を借りたいので非常に丁寧な表現になっている)

I cannot possibly understand what he means.
　私は彼の言わんとしていることがどうしても理解できない.

It *is likely to* rain this afternoon.
　今日の午後は雨が降る可能性が高い.
　／今日の午後は雨が降りそうだ.

"if possible"＝「可能なら」
Please call me ahead, *if* (*it is*) *possible*.
　可能であれば, 私に前もって電話してください.
　　　⇒「主語＋be動詞(＝it is)」が同時に省略されている.

参考 "-ly" は全部副詞か?

　語尾に "ly" がつくと副詞の意味を表すことが多いが, "worldly" は形容詞として用いられ, 「世俗的な, 世慣れた」という意味である.「世界的な」という意味はなく, どちらかというと現実的な意味で用いられる.

　また, "homely" は形容詞として用いられ, 「質素な, みすぼらしい」という意味で用いられることが多い.

(19) "So am I." と "So I am." の意味のちがい

"I am a baseball player."
"*So am I.*"
「私は野球の選手です。」
「私もそうです。」

"You seem to be a baseball player."
"*So I am.*"
「あなたは野球の選手であると思えます。」
「そのとおり、私は実際に野球の選手です。」

[類似表現]
"I am not a baseball player."
"*Neither am I.*"
「私は野球の選手ではありません。」
「私もそうではありません(私も野球の選手ではありません)。」

"I will go."
"I will go, *too*."
　「ぼくは行くぞ。」
　「ぼくも行くよ。」

"I will not go."
"I will not go, *either*."
　「ぼくは行かないよ。」
　「ぼくも行かないよ。」

参考 either と neither について
either と neither は，2つの物や人について言う場合に用いる．

Either of these two dictionaries will do.
　これら2つの辞書のどちらでもいいです．

Neither of these two reports will do.
　これら2つのレポートのいずれもだめだ．

比較の表現

(1) 「the＋〜比較級, the＋…比較級＝〜すればするほどそれだけ…」の表現

The sooner the better.
= *The sooner* you start, *the better* it will be.
早ければ早いほどよい.
(あなたは早くスタートすればするほど, 状況 ("it") はよくなるでしょう.)

[類似表現]
I like her *the better* for her faults.
私は, 彼女に欠点があるからそれだけいっそう好きだ.
⇒この "the" は, 「その分だけ」と訳し, 副詞的に用いられている.

参考 much の比較級, 最上級

ここでは much の比較級として better が使われている. このように, much の比較級・最上級の変化には次の2通りあるととらえることができる.

原級	比較級	最上級
much	*more*	*most*
much	*better*	*best*

I *like* him very *much*.
私は彼のことを非常に好きだ.
I *like* him *best* in the class.
私はそのクラスの中で彼が一番好きだ.

(2) 最上級を表すいろいろな表現

① He is *second to none* in German.
ドイツ語で彼の右に出るものがない.
／[直訳] ドイツ語で彼は誰かに次いで2番目ということはけっしてない.
= He does *the best* in German.
= He does *better* in German *than anyone else*.
= *Nobody* does *better* in Germany *than* he.
= *Nobody* does *so well* in Germany *as* he.

② *Nothing* is *more* beautiful *than* this.
これほど美しいものはない（これより美しいものはなし）.
= *Nothing* is *so* beautiful *as* this.
= *No other* thing is *so* beautiful *as* this.
= This is *more* beautiful *than any other* thing.
= This is *the most* beautiful (of all).
= This is *the most* beautiful thing.

参考事項 "as 形容詞または副詞… as any other ～" =「他のどの～と同じくらい…」

She is *as excellent as any other* student in her class.
　彼女は彼女のクラスの中で他のどの学生とも同じくらい優秀だ（他の学生と引けを取らないくらい優秀だ）。

参考 文頭にある "no [nothing] ～" の訳し方
　英文では "no [nothing]～" が文頭に出てくる表現がよく使われる。日本語にはない表現である。文頭にある "no [nothing]～" は上記の例文のように、直訳として「…にして、～のものなし」と最後に訳すと意味が分かりやすい。

（3）「～でさえ（even）」という意味を表す最上級
　最上級が主語にきた場合、「～でさえ（even）」という意味になることがあり、よく用いられている。また、次の例文のように、仮定法の条件節としてもよく用いられている。意味は文脈から判断したい。

The wisest man will sometimes make mistakes.
　どんな賢い人でも時にはミスをするだろう（ミスをすることがあるものである）。

The wisest pupil could not solve this mathematical problem.
　最も賢い生徒でさえも、この数学の問題を解くことはできないでしょうに。
　　　　⇒仮定法の条件節としての用法。

(4) "no more" や "no less" を含む表現

1) "no more ～ than …" の公式

"no more ～ than …" = "not ～ any more than …"

大学受験生の間で「くじらの公式」として古くから知られている表現を紹介する.

A whale is ***no more*** a fish ***than*** a horse is (a fish).

[直訳]

くじらは（一見，魚に似ていると思うかもしれないが）魚の一種であることはけっしてない．それは（誰もがそう思わない）馬が魚の一種であるということを言うよりはましということでもけっしてない．

[訳]

馬が魚の一種でないと同様，くじらは魚の一種ではない．

この訳を丸覚えしようとすると忘れるので，[直訳]のようにまず理解しておこう．公式化すると，次のようになる．

P is ***no more*** Q ***than*** X is (Q).

"X is (Q)" には，誰でも明らかにそうでないことを記述し，そのことと同様に，"P はけっして Q ではない" ことを強調する表現である．すなわち「P が Q であると言うことは，X が Q であると言うのと同じ程度だ（同じ程度の誤りだ）」という意味である．

2) "no more than", "no less than" の用法

I have ***no more than*** 1,000 yen.

私は 1,000 円しか持っていない．

⇒「1,000 円より多いお金ではけっしてない」の意から．

I have **_no less than_** 1,000 yen.
　私は1,000円も持っている。
　　⇒「1,000円より少ないお金ではけっしてない」の意から。
＝ I have as much as 1,000 yen.

（5）better, best を使った表現
1）had better ＋動詞の原形，had best ＋動詞の原形
You **_had better_** obey your parents' advice.
　君は両親の忠告に従った方がよい。
You **_had best_** obey your parents' advice.
　君は両親の忠告に従うのが一番よい。

2）"know better" ＝「もっと分別がある」
I **_know better than to_** have a quarrel with him.
　彼とけんかするほどぼくはばかじゃないよ。

3）"be better off" ＝「以前より暮らし向きがよい」
I am **_better off_** than I was ten years ago.
　私は10年前より暮らし向きがよい。
　　⇒ここで "than" ＝ "than what" ととらえられる。

（6）"〜最上級 that ever lived" ＝「今までの中で最も〜」
He is **_the greatest_** pitcher **_that ever lived_**.
≒ He is **_as great_** a pitcher **_as ever lived_**.
　彼は（かつて生きた）今までの中で最もすごいピッチャーだ。

参考 "as ～ as ever" =「相変わらず～」

He is *as* diligent *as ever*.
彼は相変わらず勤勉だ．

（7） 比較級や最上級を修飾する副詞表現

比較級を強める表現には much, far, even, still などがある．
最上級を強める表現には "by far", much などがある．

Tokyo is *much* larger than Osaka.
東京は大阪よりかなり大きい．

He does *by far* ［*much*］ the best in mathematics in the class.
彼はクラスで数学がずばぬけて一番できる．

（8） 倍数表現（…の x 倍）

"x times as ～ as …" =「…の x 倍だけ～」
　= x times ～比較級 than …

ただし「2倍」という表現は，"two times" よりも twice を用いる．

Jiro studies *three times as hard as* Taro.
次郎は太郎の3倍よく勉強している．

参考 「～番目に…」という表現

Osaka is *the third largest city* in **Japan.**
大阪は日本で3番目に大きな都市です．
　　⇒このような序数の用法では，the third largest city と，定冠詞 the がつく．

(9) "〜er and 〜er（比較級の重複）"＝「ますます〜」

It gets *warmer and warmer* day by day.
　1日ごとに暖かくなっている（日増しに暖かくなってきました）．

(10) most と best のニュアンスのちがい
　① "make the most of 〜"＝「〜を最大限に活用する」
　② "make the best of 〜"＝「少ないながらも〜をできるだけ活用する」

I wrote a short novel *making the best of* my time.
　私は，私の少ない暇な時間をできるだけ活用して1編の短い小説を書いた．

(11) "much less [still less] …, let alone …"＝「まして…ない」
　否定句に続けて，「まして…ない」という意味である．

I **cannot** understand English, *much less* [*still less*] French.
　私は英語を理解できない，ましてフランス語は言うに及ばずだ．

He **cannot** speak French, *let alone* write it.
　彼はフランス語を話せません，まして書くことができません．

参考　肯定文で「まして…だ」という表現では "much more [still more]" が使われる．

I **can** understand French, *much more* [*still more*] English.
　私はフランス語を理解することができる．ましてや英語は言うまでもなく理解している．

（12）比較級，最上級を使った慣用表現

"no better than 〜" = 〜も同然

He is **no better than** a thief.

彼は泥棒も同然だ．

"no longer" = もはや〜ない

"at least" = 少なくとも

"at best" = せいぜい

"for the most part" = 大部分は，たいてい

参考 "a stranger" の意味

I am **a stranger** here.

私はここは初めての土地です．

The country is **strange to** me.

= I am **a stranger to** the country.

私はその国を知りません（その国は初めてです）．

参考 "the 〜 er（比較級）" = 「比較的〜」と訳すとよい場合がある．
"**the younger** generation" = 比較的若い世代

（13）ラテン語由来の比較表現（senior, junior, superior, inferior, prior など）

senior, junior, superior, inferior, prior などでは，<u>than の代わりに to（前置詞）を用いる</u>．

Mr. Tanaka is **senior to** me by three years.

= Mr. Tanaka is three years **senior to** me.

= Mr. Tanaka is three years *older than* I.
田中氏は私より3歳だけ年上である．

Mr. Suzuki is *junior to* me by two years.
= Mr. Suzuki is two years *junior to* me.
= Mr. Suzuki is two years *younger than* I.
鈴木氏は私より2歳だけ若い．

This textbook is *superior to* [*better than*] that one.
= That textbook is *inferior to* this one.
この教科書はあれよりもすばらしい．

Finish your task *prior to* your departure.
あなたは出発する前に自分の仕事を必ず済ませなさいよ．

5 分詞，動名詞，不定詞

（1）分　詞

1）分詞構文の意味

分詞構文としての"，〜ing"（カンマ ing）には，基本的に次の2つの訳し方があることを知っておこう．

① 「〜しながら」
② 「，そして〜」

分詞構文というのは，主文の補足説明（説明をあとで付け足す）をしているのだと理解しておけばよい．これは「付帯状況」を表すと言われる．付帯とは，広辞苑第五版（岩波書店）によると，「主なものに付けそえること」とある．

この付帯という意味を基本として，詳しい英文法書に説明されているように，分詞構文には「時（〜の時に）」「原因・理由（〜なので）」「条件（〜の場合）」「譲歩（〜だけれども）」というように，いろいろと広い意味で用いられている．分詞構文とは付帯の表現なんだということを知っておけば，あとは文脈から意味を適当に汲み取ればよいことがわかる．

Don't walk *smoking* a cigarette.
　たばこを吸いながら歩くのはおやめなさい．

He went out, ***shutting*** the door.
　彼は出て行った，そしてドを閉めた．

Being poor, he led a pleasant life.
　彼は貧乏ではあったが，楽しく生活を送った．

　以上3つの例文では，分詞の意味上の主語は主文と一致しているが，次の例文では，分詞の意味上の主語は主文の主語とは異なっている．「独立分詞構文」の表現であり，よく使われている．これも付帯の意味である．

He was working hard, ***his wife napping*** beside him.
　彼はせっせと仕事をし，そしてその傍らで彼の妻はうたた寝をしていた．

　以上4つの例文では現在分詞が使われているが，過去分詞が用いられても，分詞構文としての意味は同様である．過去分詞の前に"being"が省略されているととらえればよい．

Written in easy English, this textbook is adapted for beginners.
　この教科書はやさしい英語で書かれているので，初心者に向いている．

2)　"with 名詞＋～"＝「～した状態で，～しながら」
　付帯状況を表す前置詞 with の用法をよく知っておこう．"with 名詞＋～"は，「～した状態で，～しながら」と訳せばよい．これも分詞構文と同様，周りの状況を付帯的に表現しているのである．～に

は，形容詞，"doing（現在分詞）" "done（過去分詞）" がくる．次の例文では，いずれも "being" が省略されているととらえられる．

He was standing *with his mouth open.*
彼は口をぽかんと開けた状態で立っていた．

He was sitting *with his eyes closed.*
彼は両目を閉じたまま座っていた．

参考 分詞構文としてよく使われる表現（独立分詞構文）

"*generally speaking,*" ＝一般的に言って，
"*judging from* ～ *,*" ＝～から判断すると，
"*frankly speaking,* " ＝率直に言って，
"*talking of* ～ *,*" ＝～と言えば
"*assuming that* [*granted that, supposing that*] ～" ＝もし～ならば，～と仮定して
"*according to* ～" ＝～によると
"*owing to* [*because of, on account of*] ～" ＝～のために

（2） 動名詞

　動名詞＝～（動詞）ing ＝「～すること」と覚えていると思うが，動名詞～ing は，過去の意味を含んでいることを知っておこう．
　一方，不定詞（to do）は，これからのこと，将来のことを表す意味があることを知っておこう．
　次の典型的な例文で理解しよう．

["forget 〜 ing", "remember to 不定詞"]
He *forgot posting* the letter.
　彼は、その手紙をすでに出したことを忘れていた。

Please *remember to post* the letter.
　(これから) 手紙をポストに出すことを覚えていてね。
　　忘れないように (これから) 手紙をポストに出してちょうだいね。

["stop 〜 ing" と "stop to 不定詞" のちがい]
He has *stopped smoking*.
　彼は禁煙した (今は喫煙していない)。

He *stopped to smoke.*
　彼はたばこを吸うために立ち止まった。

["be afraid of 〜 ing" と "be afraid to 不定詞" のちがい]
He *was afraid of going* abroad.
　彼は外国に行くことを恐れていた。

He *was afraid to go* abroad.
　彼は恐くて外国に行くことができなかった。

["try 〜 ing" と "try to 不定詞" のニュアンスのちがい]
I *tried taking* a walk early in the morning. I felt refreshed.
　私は早朝に散歩してみた。気持ちがよかった。

I *tried to take* a walk early in the morning. And yet I was very sleepy.
私は早朝に散歩することを試みた．しかし大変眠かった．
> ⇒ "try to 不定詞"は，「努力して試しにやってみる」というニュアンスがあり，結果の成否はいろいろである（うまくいかないこともある）．

1）動名詞を使った慣用表現

Would you mind my smok*ing* here?
= *Would you mind if* I smoke here?
［直訳］あなたは，私がここでたばこを吸うことを気にしますか？／私がここでたばこを吸っても構いませんでしょうか？
> ⇒ would は婉曲・丁寧の表現で現在の意味である．

How about go*ing* on a picnic tomorrow?
明日ピクニックに行くというのはどう？

I *feel like* tak*ing* a walk.
私は散歩をしたい気持ちだ．

2）「前置詞＋動名詞」の重要表現

① "in ～ ing" =「～する際に」
② "on ～ ing" =「～するや否や（～するとすぐに）」

①の例文：「～する際に」
In crossing the road, you must beware of cars.
= *When you cross* the road, you must beware of cars.
道路を横断する際には，車に細心の注意を払いなさい．

2 の例文：「～するや否や」

On seeing me, he ran away.
= *As soon as he saw me,* he ran away.
= *The moment he saw me,* he ran away.
= *The instant he saw me,* he ran away.
= *Directly he saw me,* he ran away.
= *He had scarcely [hardly] seen me when [before]* he ran away.
= *He had no sooner seen me than* he ran away.
彼は私を見るや否や（私を見るとすぐに）、彼は走り去った。

3) "never ～ without …" の公式

「…なしで～することはけっしてない。」の直訳より、「～すれば必ず…する。」という表現としてよく使われている。

I ***never*** look at this picture ***without*** remembering my happy school days.
私はこの写真を見ると必ず、楽しかった学校時代のことを思い出します。
　　＞"remember ～" "think of ～" ～を思い出す

4) 動詞＋目的語＋動名詞の重要表現

I had much ***difficulty obtaining*** research funds.
私は研究費を獲得することに大きな困難を持った（大変苦労した）。
　　⇒ ***difficulty*** in ～ ing（～における困難）であり、in が省略されているととらえよ。

We had *a good time traveling* all over Europe.
私たちはヨーロッパ中を旅して楽しい時間を持った．

He has *spent ten years studying* AIDS.
彼は AIDS の研究にこれまで 10 年間費やしてきている．

I *spent much money collecting* fountain pens.
私は万年筆を収集するのに多くのお金を使った．

His books are *worth reading.*
= It is *worth reading* his books.
= It is *worthwhile reading* his books.
彼の本は読む価値がある．
　　⇒ reading の意味上の目的語は his books である．
"His books are worth being read." とはふつう言わない．

参考 "look forward to ～ ing"＝「～を楽しみにする」
We *are looking forward to her entering* a university.
私たちは，彼女が大学に入ることを楽しみにしている．
　　⇒ "look forward to ～ ing"＝「～するのを楽しみにしている」という表現であるが，to は不定詞でなく前置詞であることに注意せよ．当然 to の次は動詞の原形でなく名詞（動名詞）がくる．また，この例文のように，"be looking forward to ～ ing" と進行形が用いられると，その場の気持ちを表す臨場感が出ている．

5) "There is no ～ ing"＝「～することができない」
= It is impossible to ～ (不定詞)

There is no accounting for tastes.
= We cannot account for tastes.
　人の趣味を説明することはできない（人の好みはさまざまである）．
　蓼食う虫も好きずき（諺）．

6)　"It is no use ～ ing"＝「～してもむだである」
　＝ "It is no good ～ ing"
It is ***no use crying over*** spilt milk.
　いったんこぼれたミルクのことを嘆き悲しんでもむだである（もう元に戻ることはない）．
　覆水盆に返らず（諺）．

（3）　to 不定詞の用法
1)「目的」「結果」「運命」を表す副詞的用法
　　to 不定詞の副詞的用法として「目的」と「結果」があるが，よく考えると同じような意味にとらえられる場合もある．また，「結果」と「運命」の用法も同じようにとらえられ興味深い．次の例文で味わってほしい．

⑴　「目的」の例文
I ***went out to buy*** alcoholic drinks.
　＝ I ***went out and bought*** alcoholic drinks.
　　私はアルコール飲料を買うために外出した．
　　私は外出して，アルコール飲料を買った．

⑵　「結果」の例文
He ***grew up to be*** an excellent surgeon.

彼は成長して優秀な外科医になった.
／彼は優秀な外科医になるために生まれ育ったようなものだ.

彼の生きる目的,運命を感じさせ,「結果」「目的」「運命」の意味がよく似ている. 人生の「結果」が, それが最初から定められている運命, 人生の「目的」であるかのような意味を持っていると思われ, 味わい深い.

③ 「結果」「運命」の例文
She *grew up to be* a beautiful lady.
 彼女は成長して（大人になって）美しい貴婦人になった.
 彼女は美しい貴婦人になるために大きくなったようなものだと, 運命的なものともとらえられる.

2) むなしい運命を表現する "only to 不定詞", "never to 不定詞"
  only to 不定詞は, 結果を表す不定詞の中でも「結局〜に終わった, 〜というむなしい結果に終わった」という意味で使われている.「結局〜に終わるために一生懸命…したようなものだ」と, 人生のむなしい運命を感じさせる.

I prepared for the enterprise very carefully, *only to fail.*
 私はその事業に非常に入念に準備をしたが, 結果はただ失敗に終わった.

He left his native land, *never to return.*
 彼は母国を去り, その後二度と戻って来なかった.

3)「理由，原因」の副詞的用法

「理由，原因」の意味を表す to 不定詞は，感情を表す表現とともによく用いられる．

I am very *excited to hear* the news.
私はそのニュースを聞いて大いに興奮している．

I am very *glad to see* you.
私は，あなたに会えて大変うれしい．

4) 仮定法の条件節としての用法

to 不定詞は，仮定法の条件節として用いられることがある．

To hear her speak French, you would think her a native Frenchwoman.
あなたはもし彼女がフランス語を話すのを聞けば，あなたは彼女を生粋のフランス人だと思うでしょうに．

> ⇒仮定法を日本語に訳すときは，「～でしょうに」と，「に」と言入れることそして現在のことか過去のことかはっきり分かるように正確に訳すことをすすめる．

5) 不定詞の意味上の主語

不定詞の意味上の主語を表す表現として，"for" と "of" がある．

It is impossible ***for you*** to get to the airport in an hour.
君が1時間で空港に到着することは不可能です．

It is very kind *of you* to invite me to the party.
　私をそのパーティーに招待してくれるなんて，あなたは非常に親切だ．
　　⇒"You are very kind."の意味になる．

6）原形不定詞
　知覚動詞（五感を表す動詞）とともに用いられる．
We will *see clouds move.*
　雲が動くのが見えるでしょう．

I *heard a baby cry.*
　私は赤ん坊が泣き叫ぶのを聞いた．

7）be to 不定詞
　be to 不定詞の表現は，「予定」「義務」「運命」「可能」「意志」などいろいろな意味があるが，意味は文脈から判断する．また「～すること」と，ふつうの不定詞の名詞的用法として使われることもある．

① 「予定」の例文
I *am to go* to India this summer．［予定］
　私はこの夏インドに行く予定です．

② 「義務」の例文
You *are to obey* our school regulations．［義務］
　あなたは，私たちの校則に従わないといけないよ．

3．「運命」の例文

He *was never to return* to his native land. ［運命］

　彼は彼の母国に二度と帰れなかった．

4．「可能」の例文

My watch *was not to be found*. ［可能］

　私の腕時計は見つけることができなかった．

8) "be about to 不定詞〜" ＝「まさに〜しようとしている」

I *was just about to* leave for Tokyo when he dropped in on me.

＝ I *was on the point of* leaving for Tokyo when he dropped in on me.

　彼がぶらりと私のところにやってきた時，私はまさに東京に向けて出発しようとしていた．

　　　⇒ "*be on the point of 〜 ing*"＝「まさに〜しようとしている」＝ "*be on the verge of 〜 ing*"

9) the last … to 不定詞〜

＝［直訳］〜するのに最後の…だ．

これより，「最も〜しそうもない（最も可能性が低い）…だ」という意味になる．

"the very last" と "very" を付けると「まさにその」と意味が強調される．

He is *the (very) last person to tell* a lie.

　彼がうそをつくなんてとんでもない．考えられない（彼は最もうそをつきそうもない人だ）．

参考 形容詞の"very"

"very"は形容詞で「まさにその」という意味がある．
This is **the very book** I want to read.
　これは，私が読んでみたいまさにその本だ．

10)　"enough ＋ to 不定詞～"＝「～するに足るだけ十分」

She has **enough money to buy** a car.
＝ She can **afford to buy a car.**
　彼女は1台の車を購入するだけに足る十分なお金を持っている．
　／彼女は車1台を買う余裕がある．

11)　"too ～ to …の公式"＝「あまり～なので…できない」

　この訳し方を丸暗記しようとせず，「…するには，あまりに～しすぎる」と理解しておけば忘れない．"… enough to 不定詞"の構文と同じ理解である．

This watch is **too** expensive (for me) **to** buy.
　この時計は，買うには（私にとって）あまりに高すぎる．
"to buy it"と，"it"を付けないこと．"it"は不要である．
"to buy"の意味上の目的語は，"This watch"である．

＝ This watch is **so** expensive **that** I cannot buy it.
　この時計はあまりに高いので私は買うことができない．
　　⇒"so～that …"の構文である．that節の中はちゃんとした文章が入るので，当然"it"は必要である．

12)　"have the ＋抽象名詞～＋ to 不定詞…"

「…するという～を持つ」(直訳) から，「～にも…する」という意味になる。

＝ be so 形容詞（副詞）as to 不定詞
＝ be 形容詞（副詞）enough to 不定詞

I *had the fortune to travel* to Shirahama last summer.
＝ *Fortunately,* I traveled to Shirahama last summer.
＝ I *was so fortunate as to travel* to Shirahama last summer.
＝ I *was fortunate enough to travel* to Shirahama last summer.
　私は去年の夏，白浜へ旅行する幸運を得た。
　　幸運にも，私は去年の夏，白浜へ旅行した。
　　　⇒最初の "Fortunately," は文副詞と言われることがあり，主文の内容全体（I traveled to Shirahama last summer.）が "fortunate" であったと言っているのである。

He *had the kindness to show* me the way to the station.
＝ He *kindly showed* me the way to the station.
＝ He *was so kind as to show* me the way to the station.
＝ He *was kind enough to show* me the way to the station.
≒ It *was very kind of him to show* me the way to the station.
　親切にも彼は私に駅までの道のりを示してくれた。

He *showed* me the way to the station *kindly.*
　彼は私に駅までの道のりを丁寧に示してくれた。
　　⇒"show" は，「道のりを地図などで示す，書いて教える，あるいは実際に案内するといったように具体的に説明する」という意味で用いられる。

13) 独立不定詞的に用いられる慣用表現

"to say nothing of ～" ＝ ～は言うまでもなく
＝ not to speak of ～
＝ not to mention ～

I cannot speak English so fluently, ***to say nothing of*** German.
　私は，ドイツ語は言うまでもなく，英語も大してうまく話せません．

"to tell the truth" ＝ 本当のことを言えば
"needless to say" ＝ 言うまでもなく
"to be frank with you" ＝ 率直に言って
"strange to say" ＝ 不思議なことに
"to begin with" ＝ 第一に
"to sum up" ＝ summing up ＝ 要約すると
"to put it briefly" ＝ 簡潔に言うと
　　⇒ "put" は「言う，表現する」の意味である．

関係代名詞

(1) 「前置詞+関係代名詞」の基本例文

This is the house *in which* I live.

= This is the house *which* I live *in*.

[直訳] これは，その中に私が住んでいるところの家です．

⇒"I live in" のように，"in" は省略できないことに注意せよ．

(2) "～, (カンマ)+関係代名詞 …" の訳し方

① 「～，そして…」と訳す．

I know a man, ***who*** is a famous novelist.

私は1人の男を知っているが，その人は有名な小説家なんだ．

→直訳は，「私は1人の男を知っています．そしてその人は有名な小説家です」である．

② which が前の文章全体を指すことがある．

She hoped to travel to U.S. last summer, ***to which*** her parents did not agree.

彼女は去年の夏，米国に旅行することを希望したが，彼女の両親はそれに（彼女が去年の夏，米国に旅行することを希望したこと）賛成しなかった．

⇒", to which" の which は，"She hoped to travel to U.S. last summer" の

文全体を指している．この ", to which" の訳し方は，「そしてそのことに」と訳せばよい．which が何を指しているか（特定の名詞か，文全体か）は，文脈から判断する．

（3） 関係代名詞 what の用法

Listen to *what* I say.
＝Listen to the things which I say.
　私が言うことによく耳を傾けなさい．

He is not *what* he was ten years ago.
　現在の彼は，10 年前の彼ではない．
　（彼は現在，10 年前の彼の人物ではない．）

I *owe* what I am to your father.
　私が今日あるのは，あなたのお父さんのおかげです．
　　　⇒ "owe" の表現は重要である．よく覚えておこう．
"owe A to B"＝「A があるのは B のおかげ」の意味

参考　"owing to ～"＝「～のために」
Owing to〔*Thanks to*〕 heavy rain, the game was stopped.
　大雨のため，試合は中止になった．

（4） what を用いる重要慣用表現

He is *what we call*〔*what is called*〕 a scholar.
　彼はいわゆる学者だ．

It's very cold and *what is worse*, it begins to snow.
　非常に寒い，またさらに悪いことには雪まで降ってきた．

Textbooks should be plain, and *what is more important*, simple.
　教科書は平易であって、そしてさらに重要なことには簡潔であるべきである。

（5）「X：Y＝P：Q」の英訳
＝ X *is to* Y *what* P *is to* Q.
＝ X *is to* Y *as* P *is to* Q.
　XのYに対する関係は、PのQに対する関係と等しい。
　　　⇒「XのYに対する関係」を強調したい表現である。ここでは「PのQに対する関係」は分かりやすい例が述べてある。

Ten *is to* fifteen *what* two *is to* three.
　10：15＝2：3

CO_2 *is to* plants *what* O_2 *is to* animals.
　二酸化炭素（CO_2）の植物に対する関係は、酸素（O_2）の動物に対する関係と等しい。

（6）　関係代名詞の一種とされる as, than の用法
　1）as の用法
　As is often the case with him [*As is usual with him*], he was late for the meeting again.
　　彼にはよくあることだが、彼はまた会議に遅刻した。
　　　⇒直訳では、「それ（＝主文全体の意味）は、しばしば彼に関する場合であるが」となる。

As you know, I have won the election.
皆さんご存知のように，私は選挙に当選しました．

As might be expected, a new type of influenza has spread all over the world.
予想されていることであろうが，新型インフルエンザが世界中で流行してきた．
　　　⇒"might"は婉曲的表現（控えめな表現）である．

　asを使ったいずれの例文も，asの先行詞は主文全体を指しているととらえられる．
As you know, I have won the election.
As (it) might be expected, a new type of influenza has spread all over the world.
　このように，asの中にitがあると思ったらよい．これは主文全体（前者の例文では"I have won the election."，後者の例文では"a new type of influenza has spread all over the world."）を指しているととらえられる．

He earns as much money ***as is needed***.
彼は必要とされるお金と同じくらいのお金を稼いでいる（彼の収支は同じ）．

2) "such as ～"の用法
The great noise was ***such as*** was made by a car.
その大きな騒音は，1台の車が引き起こしたものだった．

他に,"such as …"=「たとえば…のようなもの」という用法がある.
a lot of flowers, **such as** tulips, lilies, and roses
　たくさんの花,例えばチューリップ,ユリやバラなど

3)"such that ～（文）"=「～のようなもの」
Our joy was **such that** we fairly jumped.
　私たちの喜びはまさに飛び上がらんばかりのものだった.

　　　"as it is"=現状どおり（直訳は,「状況は現在あるとおり」）
As it is, I can't afford to buy a car.
　現状では,私は車を買う余裕はない.

4) than の用法
He earns more money **than is needed**.
　彼は必要とされる金額以上のお金を稼いでいる（彼の収支は黒字）.

（7）"関係代名詞 but"=「that … not」
　次の例文は受験参考書でも有名な表現である.

There is no rule **but** has exceptions.
= There is no rule **that** has **not**〔does **not** have〕exceptions.
　例外のない規則はない（例外を持っていない規則はない）.

（8）関係副詞 how, why の用法
　1)"関係副詞 how"=「いかに～するか,～のやり方」
　"how"=the way（やり方,方法）である.

I showed her *how* to ride a bicycle.
　私は彼女に自転車の乗り方を教えた.
　　⇒"how to 不定詞～"＝「いかに～するか」の表現はよく用いられる.

This is *how* I got out.
　これが，私が脱出したやり方（方法）です.
　／このようにして私は脱出しました.

I don't like *how* she speaks to me.
＝I don't like *the way*（that）she speaks to me.
＝I don't like *the way*（in which）she speaks to me.
　私は彼女の私に対する口のきき方が気に食わない.

Tell me *the way*〔*how*〕you went to the movies yesterday.
　昨日あなたはどのようにして映画に行ったかを説明しなさい.
　　⇒"the way how"とはふつう言わないことを知っておこう.

参考 way の意味を整理しておこう.
① 点："in some ways"＝いくつかの点で
This textbook is excellent *in some ways*.
　このテキストはいくつかの点で優れている.

② 方法，様式："ways of living"＝生活様式
You will soon get used to *new ways of living*.
　あなたは新しい生活様式にすぐ慣れるでしょう.

3) 道："on one's way home" =帰りの道の途中で

I stopped in at a bookstore ***on my way home*** from work.
　私は仕事帰りの道の途中で本屋に立ち寄った。

4) 進むこと："make one's way" =進む

We ***made our way*** through the bush.
　われわれは藪の中に分け入り進んだ。

2) "why" =「the reason（なぜ，理由）」
　この用法には，"why" "the reason" "the reason why" の3通りの言い方がある。

Tell me ***the reason***（***why***） you were absent from the meeting yesterday.
　あなたが昨日その会合を休んだ理由を私に説明しなさい。

This is ***why*** I was absent from school yesterday.
　これが，私が昨日学校を欠席した理由です。
　このため私は昨日学校を欠席しました。

7 　接　続　詞

(1) 接続詞 "before" と時制の関係

"過去完了〜＋before 過去形…"
＝［直訳］…する前に，〜した．
　⇒「〜して，（その後）…した．」と訳すことができる．
　「〜した．」（過去完了）が，より昔のことであるので，「大過去（より昔）」と言われることがある．

It *had begun* to rain *before* I got to my house.
　［直訳］私が家に着く前に雨が降り始めた．
　／雨が降り始めて，それから私は家に着いた．
　／私が家に着かないうちに雨が降り始めた．

He *had not been employed* for one year *before* he quit his job.
　［直訳］彼は仕事を辞めてしまう前，1年も勤めていなかった．
　／彼は勤めて1年もしないうちに仕事を辞めてしまった．

参考　"not long before 〜" ＝「まもなく〜」
It will *not be long before* the bridge is completed.
　［直訳］その橋が完成する前，長くないでしょう．
　／その橋はまもなく完成するでしょう．

なお，"before long" は「まもなく」という意味である．次の例文も同じような表現である．

The bridge will be completed **before long**.
　その橋はまもなく完成するでしょう．

（2）　"not ～ until …" の公式
　「…までは～しない」の直訳より，
　「…して初めて～する」という表現としてよく使われている．

You do **not** recognize the value of good health **until** you lose it.
　人は健康を失って初めて健康がありがたいものだとわかる．

参考　「一般の人」の表現
　ここで "you" は，「一般に人というものは」という意味で使われている．このような意味を持っているものには他に "we" "they" "one" "people" などがある．

"They say that ～" =「～と言われている．」
= People say that ～
= It is said that ～

　次の例文では，"they" や "people" は，漠然と「不特定の人々」を表している．受動態表現を避けるためと考えられる．
They speak German in Austria.
= **People** speak German in Austria.
= German is spoken in Austria.

オーストリアではドイツ語が話される．

"those who" = people の意味で使われる．
Heaven helps *those who* help themselves.
　天は自らを助ける者を助ける（天は自ら助くるものを助く）．（諺）

（3）　"…, until ［till］～" ＝「(…して，) ついに～」
　「～まで…した」が直訳であるが，「…して，ついに（とうとう）～した」と訳したらよい．

We searched the classroom for his watch, *until* we found it.
＝We searched the classroom for his watch *and at last* we found it.
　私たちは彼の腕時計がどこにあるか教室中を探したが，ついにそれを見つけた．

（4）　"as far as" "as long as"
"*as far as* I know" ＝ 私の知っている限りでは
"*As ［so］ far as* I am concerned" ＝ 私に関する限り
　　　⇒"far" は，程度の限界を表している．
"*as long as* I stay here" ＝ 私がここにいる間は
　　　⇒"long" は，時間の限界を表している．

"as long as" "so long as" は条件を表すことがある．

Any dictionary will do *so long as* ［*as long as*］ it is an English-Japanese one.
　英和辞書であれば，どんな辞書でもよろしい．

⇒この do は、「役に立つ、間に合う」という意味

(5) 「しかし」という意味を表す接続詞
　「しかし」という意味を表す接続詞には、but の他にもいろいろある。
but＝and yet
　　＝still
　　＝however.

She is not brilliant, ***and yet*** she works very hard.
　彼女は秀才ではないが、一生懸命勉強している。

(6) 理由を示す接続詞
　",because ～＝, for ～"＝なぜならば（というのは）～

You can go to the movies, ***because*** [***for***] you have finished the task.
　あなたは映画を見に行っていいよ。なぜならば、あなたはその仕事をすでに終えたから。

(7) "not … because ～"の表現
　"not … because ～"＝「～だから、…というのではない。」と訳すことがある。この場合、実際には…していることに注意せよ。こう訳すかどうかは文脈から判断する。このように訳す場合には、because の直前にカンマがないことが多い。

I did ***not*** scold her ***because*** she failed the exam.
　私が彼女を怒ったのは、彼女が試験に失敗したからではない（別の理由で怒ったのだ）。

7 接続詞

(8) "so 〜 that … 構文" =「so 〜 as to 不定詞 …」

「非常に〜だから，…」と前から訳していくと分かりやすい場合と，「…ほど，それだけ〜」と，後ろから「程度を表す表現」として訳したらよい場合がある．文脈から判断して適切な訳をするとよい．

I left my house *so* early *that* I could catch the first Shinkansen for Tokyo.
I left my house *so* early *as to* catch the first Shinkansen for Tokyo.
　訳例 1：私は，東京行きの始発の新幹線に間に合うように朝非常に早く自宅を出発した
　訳例 2：私は，朝非常に早く自宅を出発したので，東京行きの始発の新幹線に間に合った

参考 "such 〜 that …" =「非常に〜だから…」
This is *such* an easy problem *that* anyone in the class can solve it.
　これは大変やさしい問題であるので，クラスの誰もがそれを解くことができる．

類似表現 in order to 不定詞〜
= so as to 不定詞〜
= so that〜構文
= for the purpose of 〜 ing
　　⇒「〜するために」という目的を意味する表現である．

I left my house early *in order to* catch the first Shinkansen for Tokyo.
= I left my house early *so as to* catch the first Shinkansen for Tokyo.
= I left my house early *so that* I could catch the first Shinkansen for Tokyo.

私は東京行きの始発の新幹線に間に合うために朝早く家を出発した.

参考 ", so that" = 「, したがって」
"…, so that ~" の ", so that" は「したがって」と訳す.

The professor arrived late to the lecture, so that the students had already gone home.
その教授は講義に遅刻した. したがって, 学生たちは皆もう帰ってしまった.

（9） "once ~ ," = 「一度～すれば,」
Once he begins on a new job, he manages to do it soon.
彼は一度（いったん）新しい仕事に着手すると, まもなくそれを何とかやり遂げる.

（10） "every time ~" = 「～する度に」
Every time I call on him, I find him absent.
私は彼を訪問する度に, 彼が不在であることを知る.

（11） "now that ~" = 「今や～なので（～だから）」
Now that I have graduated from school, I have plenty of time.
私は今や学校を卒業したので, 私には十分な時間がある.

（12） while ~（文章）の用法
接続詞 "while ~（文章）" には次の2つの意味がある.
①　～の間に
Study English literature ***while*** you stay in England.

あなたは英国に滞在中に英文学を勉強しなさい．

② 一方，～

He works very hard, ***while*** his sons run around playing.
彼は一生懸命働いている．一方，彼の息子たちは遊び回っている．

参考 "while"＝前置詞 during（～の間中）

while＝前置詞 during（～の間中）でよいが，次の例文では，「～の間のある時点で」という意味である．「～の間中ずっと」を強調したい意味では，前置詞 throughout を用いる．

She fell asleep ***during the lecture***.
彼女はその講義の間に（ある時点でしばらくの間）眠り入ってしまった．

She was asleep ***throughout the lecture***.
彼女はその講義の間中ずっと眠り入っていた．

(13) "whenever ～" など

who, when, where, how に "-ever" を付けることで，「～しても」（譲歩節）という意味を表す．

① "whenever ～"＝「いつ～しても（every time）」

Whenever [***No matter when***] I go to his office, I find him absent.
私はいつ彼の仕事場に行っても，私は彼が不在であることを知る．

(2) "however ～" ＝「どんなに～しても」
 However [**No matter how**] hard you may study physics, it will be impossible to master it in a month.
 あなたは物理学をどんなに一生懸命勉強しても、それを1か月でマスターすることは不可能でしょう。

 同様に、"whoever" ＝「だれが～しても」、"wherever" ＝「どこに～しても」という意味になる。

(14) "by ～" と "until ～" のちがい
 byは「～までには」と、期限を表している。untilは「～までずっと」と、継続を表している。

I will finish the task **by** tomorrow.
 私はその仕事を明日までには済ますつもりだ。

I will stay here **until** August 15.
 私は8月15日までずっとここに滞在するつもりです。

(15) "whether … or not" ＝「…であろうがなかろうが」
Whether you like it **or not**, you have to do it thoroughly.
 あなたはそれを好もうが好むまいが、それを徹底的にやらなければならない。

(16) "形容詞など＋as 主語＋動詞" ＝「～だけれども」
Busy as he was, he often talked to me.
 彼は多忙だったけれども、よく私に話しかけてくれた。

(17) "as 文章"=「〜につれて」という意味がある

As she grew older, she became milder.
彼女は年をとるにつれておだやかになった.

(18) "in case 文章"の用法

"in case 文章"には次の①②の2つの意味がある.
① 「もし〜の場合には（念のため〜の場合を想定して）」
② 「もし〜だといけないから（念のため〜の場合に備えて）」

①の例文:「もし〜の場合には」
In case I am late for the appointed time, please go ahead.
もし私が約束の時間に遅れた場合には，どうぞ先に行ってください.

②の例文:「もし〜だといけないから」
　You had better stay here tonight *in case* you are hit by a snow storm.
あなた方はこれから暴風雪に遭ったらいけないので，今夜はここに留まるべきだ.

(19) "A as well as B"=「B と同様に A も」

A に重点を置いた表現である.
≒ "not only B but also A"（B だけでなく A もまた）

(20) "as well"=「〜もまた同様」

I learned German, and French *as well*.
私はドイツ語を習った．また，フランス語も同様に習った.

(21)　"not so much A as B" =「AよりもむしろB」
　　＝ B と同じくらいほど A でない
　　　　⇒「AよりもむしろB」と訳す．

He is **not so much** a scholar **as** a teacher.
　彼は学者というよりむしろ教師である．

(22)　"not so much as ～" =「～さえしない」

He left the room **without so much as** glancing at me.
　彼は私をちらっと見ることもなく部屋を出て行った．

He can **not so much as** solve such an easy mathematical problem.
　彼はそのような簡単な数学の問題さえも解くことができない．

(23)　コロン，セミコロン，ダッシュ，カンマの用法についてのメモ
　1) コロン（：）
　　「すなわち」「たとえば」と訳す．具体的に説明するときに使う．"，(カンマ) or" にも，「すなわち」と訳す場合がある．

　　"EKG, or electrocardiograph" = EKG, すなわち "electrocardiograph"（心電計）

　2) セミコロン（；）
　　「すなわち」と「そして」の2通りの訳し方がある．文脈から判断する．句点（．）とコロン（：）の中間的な位置付けであるとされる．

　3) ダッシュ（—）
　　基本的には「すなわち」と訳すとよい．

4) カンマ (,)

　カンマ (,) を「すなわち」と訳すとよい場合がある．文脈から判断する．

仮 定 法

最近の英語では，仮定法が用いられる機会が少なくなってきていると言われている．とはいうものの，中学で仮定法の用法を理論的にきちんと理解しておく必要はある．ここでは，現在のことを言っている「仮定法過去」および過去のことを言っている「仮定法過去完了」を中心に説明する．

(1) 仮定法過去

1) 典型的表現

「仮定法過去」では現在の事実と反することを述べている．「もしそうであれば，こうするんだが（現実はそうでないから，こうしない）」という表現になる．過去形が使われるので「仮定法過去」という文法用語であるが，内容は現在のことを言っている．

If I *were* you, I *would* not do so.
　私がもしあなたであれば，私はそうはしないでしょうに．
　　⇒仮定法過去の節では，be 動詞はすべて were である．

2) "I wish 過去形"

次のように，"I wish 過去形" という表現では，現在叶い難い願望を表し，「～できればいいんだがなあ（しかし現実はできない）．」と

訳す.

I wish I *met* her more often.
私は彼女にもっと頻繁に会いたいなあ（現実は少ししか会えない）．

(2) 仮定法の条件節の例
1）主語自体が条件節になる
I *would* not do such a stupid thing.
もし私であれば，そのような愚かなことをしないでしょうに．

2）with ＋名詞節
With your advice, I *would* succeed in the business.
あなたの助言をいただければ（あなたの助言をもってすれば），私はその事業に成功するのですが．
　　⇒あなたの助言がないから，私は成功しないという意味を含んでいる．

3）不定詞
To hear her speak French, you would think her a native Frenchwoman.
あなたはもし彼女がフランス語を話すのを聞けば，あなたは彼女を生粋のフランス人だと思うでしょうに．

(3) 一種の仮定法と考えられる慣用句
"It is time ＋主語＋～動詞の過去形"＝もう～する時間だ

It is time you *went* to bed.
君はもう寝る時間だよ．

(君の年齢を考えるともうとっくに寝ている時間なのにまだ起きているの)

⇒君はもう寝ているはずなのに現実はまだ起きている, という一種の仮定法と考えられる.

（4） 「万一」の should, 現実にはありえない仮定に使われる "were to"

If I ***should*** fail in the exam this time, I ***would*** try again.
= ***Should*** I fail in the exam this time, I ***would*** try again.
私は今度万一試験に失敗しても, 私は再び挑戦するつもりだ.

If the sun ***were to*** rise in the west, I ***would*** not change my mind.
たとえ太陽が西から昇っても, 私はけっして自分の決心を変えるつもりはないだろうに.

（5） 仮定法過去完了

「過去完了形」を用いることで, 過去の事実と反することを書き, 過去のことを悔いる表現として用いられることが多い.

1) If 主語＋had＋過去分詞～, 主語＋would など助動詞の過去形＋have＋過去分詞…
＝あの時～をしていたら, (あの時)…だったであろうに (～をしなかったから, …しなかった).

2) If 主語＋had＋過去分詞～, 主語＋would など助動詞の過去形＋動詞の原形…
＝あの時～をしていたら, (現在は)…であろうに (～をしなかった

から，現在…していない）．

You ***should have obeyed*** your parents' advice.
あなたはあなたの両親の忠告に従うべきであった（そのとき従わなかったのが今になって悔やまれる）．

I ***should have studied*** English harder in my college days.
私は大学時代に英語をもっと一生懸命勉強していたらなあと思う（大学時代に英語を勉強しなかったことを今さら後悔している）．

If you ***had studied*** mathematics harder, you ***could have passed*** the exam.
あなたは数学をさらに一生懸命勉強していたら，試験に合格することができたでしょうに（数学の勉強の熱心さが足りなかったから，試験に合格することができなかった）．

If I ***had caught*** the train last night, I ***would be*** in Tokyo.
私は昨夜その電車に間に合っていたなら，今頃は東京にいることだろうに（昨夜その電車に間に合わなかったから，今は東京にいません）．

(6) "without 〜" が仮定法の条件節として用いられる場合の他の言い換え例

Without water, no creature could exist.
= ***But for*** water, no creature could exist.
= ***If it were not for*** water, no creature could exist.
= ***Were it not for*** water, no creature could exist.

もし水がなければ、どんな生物も生きることができないでしょうに。

Without your advice, I could not have succeeded.
= ***But for*** your advice, I could not have succeeded.
= ***If it had not been for*** your advice, I could not have succeeded.
= ***Had it not been for*** your advice, I could not have succeeded.
あなたの助言がなかったなら、私は成功することができなかったでしょうに。

（7）覚えておきたい重要表現
　1）"as it were"＝「いわば」
　　He is, ***as it were***, a living dictionary.
　　彼はいわば「生き字引」だ。

　2）"as if ～"＝「あたかも～のように」
　　He looked ***as if*** he were sleeping.
　　彼はあたかも眠っているように見えた。
　　　　⇒as ifの中がwereになっている（本来のwasではない）ので、現実には「眠っていなかった」ということである。

　3）"if ever [if any]"＝「たとえあるにしても」という表現
　　I ***seldom, if ever***, go to see a baseball game.
　　私は、たとえあるにしても、めったに野球を見に行きません。

　4）"otherwise"＝「さもなければ、そうでなければ」
　　I am very busy, ***otherwise*** I would go.
　　私は今大変忙しい。さもなければ私は行くのだが。

She studied very hard, *otherwise* she would have failed.
　彼女は非常に勉強した．そうでなかったら彼女は試験に失敗したであろうに．

前置詞の用法

(1) 「奪取の of」という有名な用法
"奪取の意味の動詞 + 人 + of 物" = 人から物を奪う（取り除く）

A man **robbed** me **of** my purse.
1人の男が私から私の財布を奪った.

This medicine will **cure** you **of** your sickness.
この薬は，あなたからあなたの病気を楽にするでしょう．
　この薬を服用すれば，あなたは気分が悪いのから楽になるでしょう．

We will **clear** the pathway **of** a lot of snow.
私たちは，この道からたくさんの雪を除きましょう．

(2) 場所を表す前置詞 in の注意すべき用法
I went **shopping in Shinsaibashi** yesterday.
私は昨日，心斎橋に買い物に行った．
　⇒ "I went shopping to Shinsaibashi yesterday." のように "shopping to Shinsaibashi" とは，言わない．「心斎橋で（in Shinsaibashi）買い物をする」ために行った，ととらえよ．

I went *fishing in the river* yesterday.
　私は昨日川に釣りに行った.
　　　⇒「川で釣りをする」ために出かけた，ととらえる.

（3）for の用法
① 「物がどこにあるかを探す」の for
"look for 〜" = 〜がどこにあるか探す
"search for 〜" = 〜を求めて探す

参考

"search 〜" = "look into 〜" = 〜を詳しく調査する（精査する）

前置詞 "after 〜" にも同様の意味（〜を追求して）がある.
"seek after happiness" = 幸福を求める
"seek after peace" = 平和を求める
"be anxious for peace" = 平和を熱望する

② "for 〜" = 「〜の割には」
He looks young *for* his age.
　彼は年齢の割には若く見える.

③ "as for 〜" = 〜に関しては = with *regard*〔*reference*〕to 〜

（4）乗物・手段を表す "by" は無冠詞である
I go to school *by bus.*
私はバスで学校に行っています.

The bicycle runs *by electricity.*
その自転車は電気で走ります.

(5) 単位を表す by

単位を表す by では, "by + the 単数名詞" で使われる. 定冠詞 the が必要である.

Meat is sold *by the gram.*
肉はグラム単位で売られている.

(6) 時間の経過を表す前置詞 in, after の用法のちがい

① in は, 「未来の時間の経過 (～したら)」を表す.
I will go to Hokkaido *in a week.*
私はこれから1週間したら北海道に行きます.

② after は, 「過去の時点から～の後」という意味である.
I met him at the station *after a week.*
私は (あれから) 1週間後に駅で彼に会った.

(7) 材料の of (姿を変えない), 原料の from (姿を変えた)

This chair is made *of* wood.
この椅子は木からできている.

Beer is made *from* barley.
ビールは大麦から作られる.

(8) "be tired of 〜" と "be tired from 〜"
① "be tired of 〜"＝「〜に飽きた，うんざりした」
② "be tired from 〜"＝「〜で疲れた」

I am ***tired of*** country life.
私は田舎生活にもう飽きた（うんざりだ）．

I am ***tired from*** a long ship trip.
私は長い船旅で疲れている．

(9) "to 〜（人の所有格）＋…（感情の名詞）" の表現
「〜が…することには」という意味になり，<u>主文全体に対する感情を表している</u>．

To my great disappointment, she rejected my proposal.
私が大いに失望したことには，彼女は私の提案を拒否したのだった．

To our joy, her picture won the first prize.
私たちが喜んだことには，彼女の絵が一等賞をとったのだった．

(10) "up to 〜" の用法
Up to now I have not seen such a splendid scene.
<u>今まで</u>私はそのような素晴らしい景色を見たことがありません．

It is ***up to you*** to decide whether you will go or not.
あなたが行くかどうかを決めるのは<u>あなたの責任です</u>（あなた次第です）．

He will ***not be up to the post*** of director.
= He will ***be unequal to the post*** of director.
彼は長としての役職に耐えられないだろう（できないだろう）。

(11) above, beyond の用法
　　"above ～" =「～を超えている」から、「～をしない」の意味がある。
He is ***above*** telling a lie.
彼はうそをつく人ではない。

　　beyond の意味は above とほぼ同じである。
The scene is ***beyond*** description.
その景色は言葉で表せない（言葉で表せないほど美しい）。

(12) "what ＋前置詞 with" の繰り返し表現
　　"what with ～ and what with ～" =「～やら～やらで」という表現

What with teaching ***and what with*** attending meetings, I have no time.
教えたり会議に出席したりで、私はまったく時間がない。

10 無生物主語の構文

「無生物主語」はいかにも英語らしい表現であり，英作文の例文集にもよく出てくる．基本的な動詞が使われることが多い．訳し方に慣れよう．

中学生のときは最初からきれいな日本語訳（意訳）をしようとせず，直訳でよいから基本に忠実で分かりやすい訳をすることに心がけよう．まず直訳して意味を汲み取り，それからきれいでなくとも日本語らしい訳をすればよい．きれいな日本語訳（意訳）ができるのは，高校生以上になって英文に慣れてからでよい．

Computers will *save* you a lot of time.
［直訳］コンピュータは，あなたに多くの時間を節約させるだろう．
／あなたはコンピュータを使うことで，多くの時間を節約できるだろう．

Thirty minutes' walk will *bring* you to the art museum.
［直訳］30分間の歩行が，あなたを美術館に連れて行くだろう．
／あなたは30分間歩けば，美術館に着くでしょう．

A computer will *enable* you to analyze the relationship among many factors.

[直訳] コンピュータは、あなたが多くの因子間の関係を分析することを可能にするだろう。

コンピュータを利用すれば、あなたは多くの因子間の関係を分析することができるでしょう。

⇒"enable + 目的語 + to 不定詞 〜"=「目的語が〜することを可能にする」という重要表現

The great typhoon *prevented us from starting* on a trip to Kyushu.
[直訳] その大型台風は、私たちが九州への旅行に出発することを妨げた。

その大型台風のため、私たちは九州への旅行に出発することができなかった。

Washing hands *prevent infectious diseases from spreading* from person to person.
[直訳] 手を洗うことは、感染症が人から人へと伝染することを防ぐ。

手を洗うことによって、感染症が人から人へと伝染することを防げる。

⇒"主語 + prevent [stop, keep] + 目的語 + from 〜 ing"=「主語は、目的語が〜することを妨げる」が直訳であり、これより、「主語のために目的語が〜できない」という意味になる。これも「無生物主語」の構文の典型例であり、本当に英語らしい表現である。まずは直訳し、正確に意味を汲み取ろう。

付録　中学生の英語の勉強法の一例

　筆者が経験した高校入試を受ける中学生の英語の勉強法の一例を紹介するので参考にしていただきたい．

（1）　中学で先取り学習が必要
　中学から英語の先取り学習は重要である．できる限り中学1～2年で一通り中学範囲の基礎英文法を済ませ，次にすぐ本書程度の重要英語構文・英文法の勉強に着手することをすすめる．

（2）　英語を理論的に勉強することの大切さ
　大学入試センター試験や私立・国公立大学入試の英文を読めるようになるためには，まず重要英語構文と英文法を理論的にきちんと勉強しておく必要がある．また，英文の内容がわかるかどうかは，国語の力と「常識」（いろいろな雑学，経験など）が必要である．こうした「常識」は年をとって人生経験が豊かになるとともに自然に身についてくるものであるが，学校時代から幅広い読書などして見聞を広め，「常識」を身につける努力をすることが大切である．

[英語を理論的に勉強する意義]
①　高校や大学に入って英文を本格的に読んでいくとき，英文解釈の力がぐんぐん伸びる，限界を感じなくてすむ．英文法や構文を知らないと肝心な所の読解ができない恐れがある．
②　英作文の入試問題では，まず文法的に正確に書かれているかどうかが問われる．文法を誤ると，大きく減点される．

3 「英語学」の勉強を楽しむことができる．英単語の語源にも興味を持つと英語の歴史が分かり，なお理解が深まる．
4 将来大学に入って，「第二外国語」と言われているドイツ語，フランス語などをとったら，英文法を理論的に勉強したことがすぐ役立つ．ドイツ語，フランス語の文法も非常に理論的で，英語に近い．

(3) 中学3年間の英語の勉強スケジュール

1) 中学1・2年

中学1・2年では，まず基本書により中学範囲の英文法を英作文中心に勉強する．さらに次のステップとして中学範囲の英文法よりもう一歩進んで，高校用の参考書を利用して高校中級程度の重要英語構文と英文法をマスターする．

中学1・2年では，文法の細かい問題をたくさんやる必要はない．まずは中学用の参考書に出ている典型的基本例文の構造を理解し，例文を繰り返し覚えていくとよい．

[参考書の例]

中学1・2年の時に読んで勉強しておきたい参考書の例を掲げた．要は，中学1・2年で中学範囲の基礎英文法の勉強を済ませ，中学2・3年の時から高校レベルの重要英語構文と英文法をきちんと理論的に勉強することである．そうすれば，難関高校の入試にも十分対応できるだけでなく，高校入学後すぐに大学入試センター試験程度の実践的な勉強をスタートできる．

なおここで紹介した参考書や問題集などの例は，私が気付いた範囲でよいと思ったものをあげただけである．もちろん他にも良い参考書や問題集はたくさんある．自分で書店に行って，自分に合った参考書を見つけるために1冊1冊点検する努力をすることが大切である．

① 中学英語の基礎英文法
・『チャート式シリーズ　中1〜3英語』（数研出版）
　　⇒例文を中心に中学範囲の英文法をまず理解し，例文を覚える．他の出版社からも同様の参考書があるので，自分に合った本を選んだらよい．

・『中学生のやさしい英文法』（学燈社）
　　⇒中学範囲の英文法を中心に，内容が深くしかも全体が網羅されている．これで中学範囲の英文法は完璧である．難関私立高校入試にも対応できるよう，さらに一歩すすんだ内容についても解説されている．これらの英文法学習を中学2年の夏休みまでに済ませたい．

② 重要英語構文
・『英語の構文150』（美誠社）
　　⇒重要英語構文をマスターすることは，英文を読んだり英作文を書くために必須の条件である．この本は英語の重要構文が網羅されている．高校程度の参考書であるが，上記の中学範囲の英文法書が済んだらこの本を中学3年になるまでに勉強しよう．重要英語構文をマスターすれば，本格的に英文を読むことができる．知らない単語や熟語は英文を読む中で調べ，生きた英文の中で覚えていけばよい．ある程度英文を読む経験を積んでから，市販の英単語・熟語集で知識の確認をするようにしよう．

・『基礎から押さえる英語の構文100』（旺文社）
　　⇒前出の『英語の構文150』と同類の参考書である．中学上級者〜高校初級におすすめである．

・『英作文基本300選』（駿台文庫），『新・基本英文700選』（駿台文庫）
　　⇒大学入試英作文の定番的な学習参考書であるが，この本を勉強することによって，重要英語構文を系統的に学ぶこともできる．

[時々参考に調べるために使う参考書の例]

・『New 山口・英文法講義の実況中継 上・下』語学春秋社
　⇒高校初級でよく使われている参考書である。英文法の理論的説明が分かりやすい。

・『根本理解！やり直し英文法』(大修館書店)
　⇒最近出た本格的な英文法解説書の名著。私も全部読んだ。英文法の各項目について初級・中級・発展の3段階に分かれ、中学では初級の所を読んでいけば十分勉強になる。高校に入学したら全部読むことをすすめる。

・『新英文法用例辞典』(研究社)
　⇒英文法のすべての項目について用例が豊富である。重要構文についても網羅されている。重要英語構文や英文法の勉強だけでなく、英作文の例文を調べる際にも非常に役立つ辞典である。

・『英文法解説』(金子書房)
　⇒英文法の本格的参考書である。英語教師を目指す大学生も使っている。

・『英文法ビフォー＆アフター』(南雲堂)
　⇒分かりやすくて読みやすい高校英文法の参考書である。

・『新自修英文典［復刻版］』(研究社)、『新々英文解釈研究［復刻版］』(研究社)
　⇒多くの大学受験生に親しまれてきた英文法・重要英語構文の古典的名著である。復刻版が2008年に出版された。理論的な「英語学」が好きな人におすすめである。

2） 中学3年のときにやる高校入試準備—英文解釈の実践

中学1・2年の時に，まず上記の参考書で重要英語構文，英文法を理論的に押さえておけば，英文解釈の力はたくさんの英文を読むことによりぐんぐん伸びる．受験する高校や難関高校の入試過去問をやって英語長文や入試問題に慣れよう．

3） 自分自身の単語集ノートの作り方

中学1・2年における学習では，英単語・熟語は，いきなり市販の英単語・熟語集を機械的にまとめて覚えていくのではなく，生きた英文の中でその都度覚えていくことが大切である．知らなかった単語を辞書を引いて調べ，新しく学んだ英単語を，自分独自のノートに書いていく作業を行う．この単語集ノートは，自分自身の「生きた単語集」で，自分の財産となる．

市販の英単語・熟語集は，中学3年くらいになって，ある程度英語の勉強が進んでから，知識の確認のため集中してチェックする際に用いるとよい．

[中学3年のときに確認のために使ったらよい英単語・熟語集の例—高校入試の準備にも役立つ]
・『高校入試短文で覚える英単語1700シグマベスト』（文英堂）
・『高校受験英熟語必勝トレーニング850熟語難関校入試対策』（旺文社）

参考文献

安武繁 (2009)『難関大学を目指す中学生のための勉強法』大学教育出版
島田浩史 (2009)『オバマに学べ！英文法』研究社
宗正佳啓 (2008)『英文法のポイント』九州大学出版会
関正夫 (2008)『世界一わかりやすい英文法の授業』中経出版
山崎貞 (2008)『新々英文解釈研究［復刻版］』研究社
山崎貞 (2008)『新自修英文典［復刻版］』研究社
鈴木寛次、三木千絵 (2007)『根本理解！やり直し英文法』大修館書店
竹岡広信 (2007)『大学受験のための英文熟考 上』旺文社
竹岡広信 (2008)『大学受験のための英文熟考 下』旺文社
竹岡広信 (2005)『ドラゴン・イングリッシュ 基本英文100』講談社
毛利良雄 (2006)『中学生のやさしい英文法』学燈社
卜永裕基 (2006)『基礎から押さえる英語の構文100』旺文社
岡田伸夫（監）(2003)『英語の構文150［第2版］』美誠社
百田勇吉 (2002)『新版有名高校への英語』評論社
荒木一雄（編）(1997)『新英文法用例辞典』研究社
小西友七、南出康世（編）(2006)『ジーニアス英和辞典［第4版］』大修館書店
小西友七、南出康世（編）(2001)『ジーニアス英和大辞典』大修館書店
三省堂編修所（編）(2001)『グランドコンサイス英和辞典』三省堂

■著者紹介

安武　繁　（やすたけ　しげる）

　1960 年　広島県広島市生まれ
　1973 年　広島大学附属東雲中学校入学
　1976 年　広島大学附属高校入学
　1979 年　広島大学医学部医学科入学
　　　　　大学生の時に英数塾講師を 5 年間勤める
　1989 年　広島大学大学院医学系研究科修了・医学博士
　2004 年　広島県立保健福祉大学教授
　現　在　県立広島大学保健福祉学部看護学科教授・医師として
　　　　　公衆衛生学などの科目を担当

主な著書
　安武繁（2009）『難関大学を目指す中学生のための勉強法』大学教育出版
　安武繁（2008）『研修医・コメディカルスタッフのための保健所研修ノート』医歯薬出版
　上好昭孝，土肥信之（編著）（2009）『リハビリテーション概論　医学生・コメディカルのための手引書』永井書店（分担執筆）
　吉永文隆（編）（1999）『公衆衛生学入門：保健・医療・福祉関係者のために』南山堂（分担執筆）

　■英文校閲：Peter Howell（Associate Professor of English, Prefectural University of Hiroshima）

重要英語構文・英文法ノート

2011 年 2 月 25 日　初版第 1 刷発行

■著　　者──安武　繁
■発 行 者──佐藤　守
■発 行 所──株式会社 **大学教育出版**
　　　　　　〒700-0953　岡山市南区西市 855-4
　　　　　　電話（086）244-1268　FAX（086）246-0294
■印刷製本──サンコー印刷㈱

© Shigeru Yasutake 2011, Printed in Japan
検印省略　　落丁・乱丁本はお取り替えいたします。
無断で本書の一部または全部を複写・複製することは禁じられています。
ISBN978-4-86429-005-0